DISCLAIMER

The author and publisher are providing this book and its contents on an "as is" basis and make no representations or warranties of any kind with respect to this book or its contents. The author and publisher disclaim all such representations and warranties, including but not limited to warranties of merchantability. In addition, the author and publisher do not represent or warrant that the information accessible via this book is accurate, complete, or current.

Except as specifically stated in this book, neither the author nor publisher, nor any authors, contributors, or other representatives will be liable for damages arising out of or in connection with the use of this book. This is a comprehensive limitation of liability that applies to all damages of any kind, including (without limitation) compensatory; direct, indirect, or consequential damages; loss of data, income, or profit; loss of or damage to property; and claims of third parties.

FIRST EDITION - Published 2022

Extra Graphic Material From: www.freepik.com
Thanks to: Alekksall, Starline, Pch.vector, Rawpixel.com, Vectorpocket, Dgim-studio, Upklyak, Macrovector, Stockgiu, Pikisuperstar & Freepik.com Designers

This Book Comes With Free Bonus Puzzles
Available Here:

BestActivityBooks.com/WSBONUS20

5 TIPS TO START!

1) HOW TO SOLVE

The Puzzles are in a Classic Format:

- Words are hidden without breaks (no spaces, dashes, ...)
- Orientation: Forward & Backward, Up & Down or in Diagonal (can be in both directions)
- Words can overlap or cross each other

2) ACTIVE LEARNING

To encourage learning actively, a space is provided next to each word to write down the translation. The **DICTIONARY** allows you to verify and expand your knowledge. You can look up and write down each translation, find the words in the Puzzle then add them to your vocabulary!

3) TAG YOUR WORDS

Have you tried using a tag system? For example, you could mark the words which have been difficult to find with a cross, the ones you loved with a star, new words with a triangle, rare words with a diamond and so on...

4) ORGANIZE YOUR LEARNING

We also offer a convenient **NOTEBOOK** at the end of this edition. Whether on vacation, travelling or at home, you can easily organize your new knowledge without needing a second notebook!

5) FINISHED?

Go to the bonus section: **MONSTER CHALLENGE** to find a free game offered at the end of this edition!

Want more fun and learning activities? It's **Fast and Simple!**
An entire Game Book Collection just **one click away!**

Find your next challenge at:

BestActivityBooks.com/MyNextWordSearch

Ready, Set... Go!

Did you know there are around 7,000 different languages in the world? Words are precious.

We love languages and have been working hard to make the highest quality books for you. Our ingredients?

A selection of indispensable learning themes, three big slices of fun, then we add a spoonful of difficult words and a pinch of rare ones. We serve them up with care and a maximum of delight so you can solve the best word games and have fun learning!

Your feedback is essential. You can be an active participant in the success of this book by leaving us a review. Tell us what you liked most in this edition!

Here is a short link which will take you to your order page.

BestBooksActivity.com/Review50

Thanks for your help and enjoy the Game!

Linguas Classics Team

1 - Antiques

구	농	렵	춤	물	심	휴	야	갤	임	포	장	가	편	값	킹
마	캠	퍼	여	포	독	식	관	러	렵	포	식	독	격	다	사
휴	퍼	오	래	된	그	휴	수	리	림	림	뽐	편	여	편	춤
휴	츠	독	정	통	수	구	재	특	수	십	년	이	원	스	사
공	서	렵	도	편	춤	퍼	시	핑	이	임	렵	휴	즐	독	게
춤	구	이	포	퍼	도	림	임	동	전	한	아	우	킹	도	스
핑	캠	물	캠	편	휴	림	렵	그	봉	사	임	공	경	매	편
투	임	사	게	세	기	재	예	활	시	다	공	식	츠	활	심
낚	수	그	가	동	복	활	술	진	핑	기	휴	동	봉	술	시
수	춤	심	휴	즐	춤	구	가	편	독	포	낚	동	법	도	기
핑	구	퍼	낚	사	렵	사	동	다	수	관	임	법	렵	수	가
관	사	시	투	스	츠	포	휴	동	시	츠	투	물	여	심	물
마	스	농	자	조	각	투	활	서	핑	포	심	품	하	식	이
춤	타	캠	관	물	술	도	관	렵	재	기	렵	질	원	식	임
낚	일	뽐	다	그	심	권	그	술	츠	츠	이	림	수	술	사
법	활	구	캠	진	즐	즐	뽐	서	원	츠	보	석	류	도	공

예술
경매
정통
세기
동전
수십 년
장식
우아한
가구
갤러리

투자
보석류
오래된
가격
품질
복구
조각
스타일
특이한

2 - Food #1

스	식	기	서	봉	진	퍼	스	땅	여	독	시	마	퍼	진	도
심	권	렵	우	즐	예	편	술	가	콩	살	하	기	킹	독	재
즐	츠	수	유	기	진	여	공	게	도	구	진	시	뽐	식	권
활	구	츠	임	식	시	마	츠	가	포	수	원	서	게	이	소
주	스	렵	예	마	츠	야	공	술	샐	러	드	관	그	농	금
순	딸	게	여	츠	이	렵	춤	캠	렵	여	참	술	림	사	사
무	그	기	마	이	봉	관	가	이	수	서	치	구	농	서	여
즐	식	야	스	사	그	킹	킹	그	서	기	진	공	독	이	구
하	술	독	농	독	양	파	레	권	관	진	킹	임	야	원	진
가	림	권	시	금	치	그	몬	츠	물	이	여	뽐	게	동	예
예	다	재	퍼	임	배	원	식	활	편	여	이	임	재	식	서
수	프	심	이	마	당	근	시	퍼	캠	독	핑	낚	설	탕	즐
동	원	원	다	물	술	사	바	질	즐	스	술	투	림	농	도
투	예	임	낚	동	하	서	식	예	서	야	낚	공	동	렵	캠
심	농	기	다	게	활	법	동	투	보	포	야	법	계	마	투
낚	식	봉	관	편	게	그	봉	그	리	캠	구	투	피	하	늘

살구	땅콩
보리	샐러드
바질	소금
당근	수프
계피	시금치
마늘	딸기
주스	설탕
레몬	참치
우유	순무
양파	

3 - Measurements

질	량	농	무	이	핑	게	농	재	봉	구	예	포	동	투	뿜
센	임	임	게	츠	수	구	스	활	스	서	스	마	캠	재	재
야	티	그	관	법	캠	휴	시	농	렵	투	즐	게	리	터	진
시	도	미	수	길	농	하	관	투	스	구	스	술	하	게	하
너	하	게	터	이	정	도	깊	물	그	춤	공	활	농	관	서
비	킹	다	임	미	음	량	이	여	이	츠	야	뿜	즐	바	임
봉	휴	사	야	임	즐	스	권	투	독	식	하	스	가	이	농
서	야	사	법	핑	진	하	독	진	기	이	춤	가	그	트	캠
농	킬	권	림	투	여	십	법	재	림	수	여	킹	캠	권	뿜
투	동	로	춤	서	그	진	그	투	여	공	기	뿜	법	동	스
하	농	법	미	수	심	수	농	재	봉	독	포	동	심	농	수
킬	로	그	램	터	도	캠	휴	법	킹	핑	기	진	공	인	치
사	권	다	그	핑	여	스	권	수	농	가	투	이	심	권	다
퍼	동	츠	춤	수	킹	독	춤	기	기	심	핑	츠	예	임	투
온	게	퍼	재	공	관	사	포	킹	다	휴	마	도	구	투	톤
스	캠	분	즐	예	식	츠	하	시	여	하	키	스	즐	봉	관

바이트
센티미터
십진수
정도
깊이
그램
인치
킬로그램
킬로미터

길이
리터
질량
미터
온스
음량
무게
너비

4 - Farm #2

동 자 도 다 핑 다 렵 즐 렵 원 식 편 시 풍 차 기
활 목 농 부 츠 여 다 편 봉 옥 수 수 춤 야 법 심
핑 투 초 독 예 즐 렵 마 편 심 일 과 츠 여 야 채
트 랙 터 지 동 퍼 원 츠 재 퍼 핑 임 게 예 이 법
춤 캠 동 여 봉 포 렵 라 마 퍼 낚 봉 뽐 동 활 관
츠 퍼 수 포 수 동 수 춤 다 게 임 공 기 음 공 도
뽐 킹 하 재 물 림 핑 퍼 야 즐 림 캠 게 이 식 임
동 임 포 편 봉 사 야 관 식 원 시 다 핑 스 임 즐
게 게 림 마 마 관 임 림 재 재 다 물 낚 식 다 예
츠 휴 오 낚 다 하 게 수 퍼 우 유 휴 권 마 법 원
림 활 리 포 뽐 헛 간 양 고 기 다 관 포 기 식 밀
서 뽐 보 다 이 기 관 개 활 사 물 시 활 하 도 공
킹 뽐 원 사 활 츠 구 휴 그 츠 즐 킹 임 재 춤 봉
낚 심 춤 가 도 동 마 다 투 림 수 하 킹 휴 가 동
하 낚 물 즐 시 사 림 관 다 서 동 낚 재 킹 투 물
사 양 게 하 뽐 동 술 공 진 동 하 공 원 물 편 법

동물	양고기
보리	라마
헛간	목초지
옥수수	우유
오리	과수원
농부	목자
음식	트랙터
과일	야채
관개	풍차

5 - Books

재 소 설 구 독 농 림 공 역 심 활 서 편 렵 그 권
미 모 퍼 관 게 농 게 독 사 독 즐 시 마 심 춤 춤
있 험 낚 련 진 핑 그 심 적 재 야 킹 독 시 예 편
는 가 관 시 수 이 퍼 관 인 다 수 재 투 춤 하 휴
즐 킹 킹 렵 지 시 리 즈 독 법 그 재 사 그 킹 여
렵 뽐 내 레 이 터 물 이 원 임 여 이 예 마 독 렵
마 렵 수 구 페 스 동 낚 야 봉 관 중 기 농 하 시
뽐 도 림 집 다 관 가 림 츠 기 즐 성 권 뽐 활 봉
수 독 법 도 림 가 동 맥 식 동 렵 발 비 봉 권 물
츠 마 심 투 동 구 심 문 시 즐 림 명 참 츠 원 츠
다 리 법 기 활 심 츠 렵 학 저 도 마 한 킹 기 면
독 더 봉 공 야 마 술 휴 식 자 동 구 술 핑 여 서
서 농 서 기 기 기 춤 뽐 포 독 마 마 공 활 권 사
권 술 렵 관 시 휴 원 임 재 가 즐 핑 스 예 게 시
권 관 물 낚 이 여 공 독 여 츠 낚 투 츠 예 기 심
관 술 재 스 편 림 원 츠 서 여 독 권 춤 농 그 수

모험	내레이터
저자	소설
수집	페이지
문맥	리더
이중성	관련
서사시	시리즈
역사적인	이야기
재미있는	비참한
발명	서면
문학	

6 - Meditation

```
임 임 시 식 마 즐 그 핑 활 뽐 재 포 구 동 기 포
하 투 독 도 림 시 춤 임 독 심 여 춤 마 그 핑 시
츠 림 관 낚 법 주 농 동 시 렵 하 그 음 깨 어 도
술 편 킹 그 호 의 도 낚 렵 법 관 감 사 친 절 심
하 포 캠 도 권 캠 공 렵 심 봉 운 농 여 구 기 이
그 생 각 츠 킹 공 렵 권 법 마 동 활 포 핑 야 이
도 농 핑 관 독 스 가 이 봉 공 야 평 진 츠 여 투
츠 동 사 술 독 공 휴 퍼 마 물 활 화 포 춤 스 스
관 점 습 관 시 선 명 도 가 동 수 식 동 하 정 게
기 사 활 동 휴 휴 독 가 봉 침 식 동 이 수 구 행
춤 수 원 기 가 독 편 뽐 예 서 림 사 편 물 도 복
즐 그 츠 민 게 법 렵 이 법 스 츠 수 락 술 신 농
즐 낚 자 연 법 렵 게 이 법 식 사 술 신 게 음 악
독 동 즐 퍼 마 게 식 게 렵 봉 묵 물 심 하 포 관
공 임 여 술 동 진 킹 농 수 시 림 관 하 포 낚 이
포 가 춤 뽐 포 게 즐 식 법 구 심 공 봉 독 공 춤
```

수락	친절
주의	정신
깨어	마음
호흡	운동
선명도	음악
연민	자연
감정	평화
감사	관점
습관	침묵
행복	생각

7 - Energy

디	젤	그	즐	재	시	림	낚	전	오	염	기	식	재	그	그
킹	여	환	핑	핑	기	심	식	기	심	재	야	야	물	즐	마
캠	배	하	경	동	다	편	가	물	마	원	즐	관	공	림	하
이	터	모	즐	야	렵	수	공	진	서	가	원	활	술	법	림
재	리	서	뽐	전	퍼	소	원	예	즐	법	야	진	재	관	캠
피	로	트	엔	자	도	재	게	심	독	마	봉	마	예	도	활
법	킹	탄	진	도	식	그	활	활	관	야	농	퍼	재	술	동
공	동	소	야	서	심	예	예	다	도	마	권	이	츠	킹	도
독	캠	바	람	퍼	뽐	기	공	농	활	구	다	츠	림	사	여
예	편	활	술	관	진	가	농	재	독	다	구	그	게	진	스
터	원	춤	독	이	연	낚	야	다	춤	투	야	열	시	활	투
빈	서	린	마	법	료	즐	마	다	핑	농	즐	마	독	술	재
원	권	솔	핵	산	뽐	독	림	서	광	사	도	서	서	츠	예
재	생	가	능	업	이	게	편	츠	기	자	여	사	여	투	캠
시	여	게	동	게	마	야	림	기	다	퍼	심	기	동	가	하
수	물	술	츠	활	재	뽐	림	임	식	뽐	핑	캠	캠	킹	공

배터리	가솔린
탄소	수소
디젤	산업
전기	모터
전자	광자
엔진	오염
엔트로피	재생 가능
환경	터빈
연료	바람

8 - Archeology

활	서	즐	관	구	활	화	가	문	전	편	술	구	고	대	스	식
도	핑	관	재	편	마	구	석	이	명	술	시	스	뿜	핑	공	동
유	뼈	낚	시	예	구	뿜	도	시	임	사	츠	킹	즐	야	권	독
물	뿜	뿜	낚	휴	여	도	기	구	동	예	원	관	그	낚	휴	그
교	수	그	이	수	스	뿜	구	게	서	신	구	마	봉	농	하	하
진	퍼	시	핑	춤	서	관	원	기	편	비	관	임	물	야	그	그
캠	농	서	관	식	낚	퍼	예	법	여	동	임	포	농	그	무	덤
임	마	공	킹	렵	농	시	임	봉	마	식	농	포	후	공	춤	휴
가	낚	춤	재	낚	공	평	가	시	사	물	심	농	손	춤	도	도
퍼	술	츠	즐	춤	봉	즐	낚	임	포	퍼	이	즐	뿜	술	술	술
마	림	하	사	휴	하	뿜	다	서	그	핑	구	이	활	진	낚	낚
도	수	진	관	봉	원	림	관	예	렵	권	원	팀	예	예	편	편
츠	기	식	동	동	절	퍼	림	구	공	낚	츠	잊	혜	기	법	법
공	춤	도	마	그	핑	공	법	도	가	진	농	이	하	진	낚	
시	대	춤	물	구	물	마	림	다	관	포	이	하	예	편		
마	사	물	게	법	원	분	석	투	임	투	하	물	즐	기	법	

분석	화석
고대	신비
문명	사물
후손	도기
시대	교수
평가	유물
전문가	연구원
잊혀진	무덤

9 - Food #2

마	심	투	술	봉	투	술	여	브	마	사	심	편	원	원	퍼
식	활	재	도	아	티	초	크	츠	로	과	가	술	사	핑	춤
초	수	킹	공	서	햄	편	시	야	구	콜	법	관	츠	뿜	서
콜	야	춤	버	농	권	마	다	체	여	예	리	러	셀	다	캠
릿	토	법	섯	치	즈	마	예	리	퍼	재	가	원	즐	도	킹
스	마	이	가	스	츠	캠	수	마	법	독	닭	물	고	기	야
재	토	계	공	하	야	권	권	법	도	편	술	동	수	키	위
원	진	란	임	수	법	예	사	하	즐	재	수	구	술	뿜	도
바	나	나	핑	여	뿜	투	진	하	춤	휴	관	스	재	스	그
서	포	진	퍼	독	재	권	원	원	뿜	독	밀	재	심	예	물
게	다	도	재	관	하	이	포	물	술	식	기	편	캠	도	스
츠	가	서	하	츠	요	그	도	예	기	예	뿜	사	포	편	휴
츠	림	가	스	권	거	휴	진	물	마	그	즐	하	투	구	핑
관	야	춤	사	재	트	임	캠	공	임	야	예	야	낚	하	기
야	다	활	츠	구	핑	농	임	가	춤	도	쌀	하	동	임	서
낚	하	공	게	그	서	휴	하	지	물	뿜	법	봉	편	원	농

사과	계란
아티초크	가지
바나나	물고기
브로콜리	포도
셀러리	키위
치즈	버섯
체리	토마토
초콜릿	요거트

10 - Chemistry

킹	춤	봉	사	게	포	술	분	렵	농	독	편	수	마	재	봉
다	스	권	심	츠	하	술	자	술	핑	법	법	핑	임	림	핑
여	관	진	캠	이	봉	핑	원	편	여	진	다	서	츠	진	그
여	그	산	사	온	열	관	공	산	술	수	다	퍼	림	관	즐
그	휴	츠	퍼	가	스	재	금	소	심	재	포	임	캠	서	물
투	휴	그	탄	관	관	사	춤	수	사	액	동	캠	진	다	공
무	게	독	소	예	권	휴	가	독	동	체	공	캠	마	즐	진
구	게	수	핑	휴	킹	온	사	봉	투	심	관	캠	권	술	하
편	투	뿜	가	춤	야	도	그	핑	하	스	도	휴	렵	독	식
포	임	츠	식	물	시	봉	수	이	휴	시	낚	낚	수	서	전
구	봉	츠	물	술	독	여	동	그	독	렵	춤	핑	핵	임	자
효	알	뿜	유	그	핑	예	시	법	춤	시	촉	낚	춤	핑	술
소	기	칼	관	기	휴	투	서	심	휴	그	매	농	이	야	야
예	핑	심	리	시	농	킹	핑	예	캠	휴	도	기	시	예	캠
투	재	림	염	성	서	기	독	관	다	핑	도	이	진	다	투
심	마	킹	소	렵	퍼	시	활	공	춤	권	츠	예	캠	동	츠

알칼리성 이온
원자 액체
탄소 분자
촉매 유기농
염소 산소
전자 소금
효소 온도
가스 무게
수소

11 - Music

핑	게	예	그	낚	다	활	춤	츠	게	즐	절	다	권	수	관
퍼	가	야	공	야	구	술	예	임	재	사	충	휴	즐	농	핑
법	활	여	화	가	공	법	게	원	공	낚	주	그	멜	관	게
악	민	고	조	파	마	원	림	편	심	독	의	여	캠	로	활
기	노	요	시	합	창	투	야	편	리	여	예	야	마	식	디
식	래	임	적	킹	임	봉	퍼	퍼	듬	법	여	시	이	스	여
임	휴	투	렵	법	심	진	다	게	투	렵	다	물	크	동	법
캠	림	캠	가	수	퍼	편	수	가	앨	관	농	원	공	사	포
림	캠	투	악	시	오	츠	활	스	범	원	다	그	구	핑	마
야	림	재	음	녹	야	페	킹	식	식	춤	기	권	편	법	사
춤	휴	심	캠	예	심	투	라	휴	편	낚	활	낚	공	물	시
하	캠	활	공	진	서	정	적	농	뮤	편	구	진	캠	농	관
기	보	컬	독	농	도	법	퍼	여	지	포	핑	츠	권	물	마
도	식	물	사	식	독	시	수	진	컬	야	고	림	권	이	농
여	독	스	재	활	낚	동	렵	캠	가	핑	전	여	가	퍼	진
공	심	예	그	기	가	춤	투	마	스	수	서	동	캠	봉	렵

앨범	마이크
민요	뮤지컬
합창	음악가
고전	오페라
절충주의	시적
고조파	녹음
조화	리듬
악기	노래
서정적	가수
멜로디	보컬

12 - Family

츠	선	뺨	권	캠	어	야	심	이	여	시	하	술	하	수	이
사	조	농	가	다	린	휴	캠	이	물	스	게	림	원	기	심
핑	촌	어	머	니	이	여	휴	낚	공	킹	그	서	도	동	독
사	동	다	원	관	봉	낚	즐	농	관	조	여	농	그	야	예
관	법	동	편	관	봉	원	다	게	다	카	물	도	아	딸	가
권	식	림	스	물	하	수	동	이	게	여	심	심	림	버	즐
활	술	할	법	시	이	삼	촌	동	농	활	독	뺨	뺨	구	지
낚	동	아	식	원	농	서	즐	서	낚	봉	기	여	하	림	핑
도	수	버	어	린	시	절	림	캠	다	임	림	다	술	여	원
봉	물	지	동	휴	츠	시	재	관	낚	활	마	투	법	퍼	즐
포	마	아	게	다	핑	구	독	권	스	즐	공	술	퍼	자	매
퍼	진	캠	내	남	편	낚	재	퍼	농	임	즐	편	권	편	퍼
구	사	캠	진	렵	동	관	부	이	심	캠	성	모	식	기	조
심	수	도	마	시	캠	서	계	진	공	독	아	이	림	투	카
수	손	시	포	휴	물	춤	도	하	그	심	활	킹	야	원	딸
렵	자	도	임	관	하	그	하	그	심	렵	스	형	서	마	관

선조
이모
아이
어린 시절
어린이
사촌
아버지
할아버지
손자

남편
모성
어머니
조카
조카딸
부계
자매
삼촌
아내

13 - Farm #1

이	렵	독	핑	고	수	야	다	봉	투	진	활	동	그	림	활
스	동	활	활	양	포	물	구	농	동	퍼	캠	수	이	가	여
즐	기	이	기	이	캠	권	캠	봉	재	활	임	즐	물	울	구
구	독	물	구	포	킹	캠	그	뿜	투	기	심	사	퍼	타	사
하	림	독	수	송	마	구	관	휴	구	마	핑	식	까	리	임
임	활	술	식	아	물	활	공	투	진	사	편	시	편	마	공
다	킹	다	퍼	지	법	벌	관	사	마	물	마	렵	권	활	귀
법	투	법	씨	앗	사	재	법	봉	수	뿜	관	츠	농	사	나
그	편	즐	춤	하	춤	도	식	심	닭	편	농	스	법	사	당
스	독	림	예	사	소	들	마	다	술	다	캠	활	뿜	뿜	술
봉	수	권	공	서	염	예	스	투	스	이	임	게	츠	원	춤
그	건	초	술	림	들	원	공	다	술	핑	원	여	편	말	쌀
편	권	물	기	춤	기	가	여	권	농	업	캠	가	재	도	사
림	포	야	하	츠	시	뿜	서	비	물	물	편	편	심	법
술	게	원	개	즐	퍼	킹	즐	료	야	마	시	꿀	춤	술	서
심	이	도	핑	스	가	포	그	공	서	봉	심	하	재	즐	가

농업　　　　　울타리
들소　　　　　비료
송아지　　　　염소
고양이　　　　건초
까마귀　　　　씨앗
당나귀

14 - Camping

그	재	해	게	공	기	독	춤	연	모	호	킹	무	나	츠	구
쁨	미	먹	렵	원	권	진	캐	빈	자	수	이	사	침	렵	구
낚	캠	가	심	독	원	쁨	심	권	농	식	수	마	반	편	림
즐	즐	킹	마	퍼	달	퍼	봉	림	재	핑	밧	숲	관	휴	진
권	편	기	관	야	가	권	렵	시	춤	마	줄	곤	야	다	킹
시	심	예	텐	림	춤	구	퍼	하	산	구	다	충	야	즐	임
렵	여	독	킹	트	렵	가	핑	편	법	이	사	편	활	가	임
가	법	봉	기	퍼	불	동	물	렵	기	시	즐	마	게	스	구
즐	법	쁨	여	게	원	진	츠	가	포	춤	사	농	츠	쁨	도
즐	공	공	편	편	식	관	낚	하	활	야	서	이	활	봉	공
지	쁨	춤	휴	활	쁨	권	임	식	야	관	활	즐	쁨	임	휴
도	가	투	도	다	모	험	관	도	사	여	농	춤	여	시	시
관	츠	림	여	동	동	휴	재	공	쁨	물	휴	야	카	관	법
핑	식	퍼	법	캠	하	심	식	게	동	편	캠	원	퍼	누	스
포	낚	휴	캠	심	동	재	그	퍼	수	렵	기	여	투	렵	수
쁨	원	가	독	츠	사	춤	가	권	춤	구	투	예	관	물	진

모험	수렵
동물	곤충
캐빈	호수
카누	지도
나침반	자연
재미	밧줄
해먹	텐트
모자	나무

15 - Algebra

심	구	즐	농	킹	츠	휴	사	편	심	츠	다	활	구	임	농
재	편	뿜	무	한	방	정	식	영	그	활	재	여	그	그	핑
재	마	물	춤	마	도	요	가	재	동	공	스	퍼	권	도	표
하	림	임	캠	수	단	인	물	캠	식	츠	퍼	법	서	그	진
림	이	술	편	공	관	순	거	짓	원	핑	원	투	이	츠	재
가	게	야	예	도	공	가	화	관	투	식	서	공	도	마	이
농	스	농	사	권	가	농	마	편	즐	즐	이	즐	시	수	하
식	여	퍼	림	그	투	림	편	술	핑	게	술	마	츠	빼	기
킹	해	결	책	캠	츠	투	분	춤	사	캠	츠	구	양	이	그
독	여	사	사	스	수	변	수	재	그	시	기	마	투	퍼	편
농	서	권	하	가	지	식	행	봉	래	선	형	야	이	수	다
림	문	심	뿜	사	멱	서	동	렬	프	농	임	구	그	관	활
포	제	마	낚	활	식	하	동	투	괄	호	활	야	기	술	권
임	게	공	그	핑	활	다	임	독	야	활	휴	사	핑	춤	독
이	핑	예	캠	구	야	편	예	여	동	술	하	관	다	퍼	휴
캠	여	가	스	재	퍼	스	수	법	관	재	공	술	춤	하	렵

도표
방정식
멱지수
요인
거짓
수식
분수
그래프
무한

선형
행렬
괄호
문제
단순화
해결책
빼기
변수

16 - Numbers

여	렵	열	그	활	이	뽐	낚	구	식	츠	그	여	캠	게	권
열	두	아	식	스	틴	사	낚	킹	투	스	재	법	구	여	덟
일	춤	홉	그	사	활	두	다	동	식	관	진	삼	사	휴	렵
곱	십	도	권	휴	즐	구	시	심	공	심	곱	십	식	야	야
공	팔	봉	식	낚	즐	편	이	진	권	편	일	사	물	야	뽐
시	츠	다	마	권	핑	이	포	포	물	편	열	셋	술	캠	뽐
심	사	마	심	공	마	츠	낚	하	술	퍼	낚	예	춤	사	퍼
그	이	봉	하	다	법	공	십	야	봉	렵	진	하	권	킹	휴
도	관	뽐	게	법	구	활	진	킹	관	식	동	술	심	다	스
재	권	여	섯	다	열	춤	수	물	시	구	공	봉	재	뽐	섯
츠	하	기	림	재	포	농	술	게	투	포	진	재	여	권	츠
휴	법	하	나	투	편	아	가	투	구	휴	캠	동	심	편	스
식	심	기	이	진	다	수	홉	십	사	하	이	물	마	물	낚
봉	스	뽐	법	원	다	가	게	진	편	심	춤	관	킹	즐	권
법	물	림	그	사	가	재	편	림	임	킹	게	여	술	술	물
도	여	다	수	낚	하	게	봉	동	야	임	임	수	활	여	구

십진수 하나
여덟 일곱
십팔 열일곱
열 다섯 여섯
다섯 식스틴
십사 열셋
아홉 열두
열아홉 스물

17 - Spices

원	임	게	공	독	다	진	동	심	낚	렵	그	농	활	물	고
츠	카	야	투	동	편	수	게	휴	포	사	시	예	농	관	수
아	레	구	포	진	포	낚	권	하	커	봉	진	핑	서	공	풀
니	즐	렵	원	야	낚	심	수	구	민	시	다	공	퍼	다	재
스	동	여	렵	서	마	츠	호	뺌	퍼	가	킹	휴	즐	휴	캠
낚	핑	이	야	이	킹	뺌	로	츠	마	투	임	봉	재	동	낚
구	서	농	츠	사	프	란	파	심	농	재	바	물	츠	림	포
여	활	포	권	공	가	기	하	서	공	계	닐	즐	임	관	즐
공	춤	투	관	가	즐	도	기	소	금	피	라	가	림	진	스
봉	관	공	심	술	편	수	물	스	기	활	마	림	스	휴	시
마	이	캠	게	가	그	낚	원	식	봉	핑	심	늘	야	휴	포
법	이	렵	달	킹	퍼	몸	하	공	렵	마	육	하	정	구	농
츠	가	공	콤	사	그	서	다	마	림	수	두	물	렵	향	도
하	뺌	예	한	렵	림	쓴	법	르	동	물	구	즐	투	회	예
서	게	맛	법	도	구	파	프	리	카	심	권	법	농	진	기
생	강	킹	식	기	사	양	법	뺌	관	낚	법	도	농	원	동

아니스 마늘
카르다몸 생강
계피 육두구
정향 양파
고수풀 파프리카
커민 사프란
카레 소금
회향 달콤한
호로파 바닐라

18 - Universe

편	캠	게	여	포	사	망	구	즐	핑	임	진	구	태	가	법
뽐	스	우	주	동	공	동	원	수	농	가	도	캠	양	원	임
서	술	여	재	츠	즐	구	활	경	달	소	행	성	수	편	스
캠	스	림	술	야	캠	시	휴	동	관	핑	권	서	독	야	재
보	이	는	반	림	림	권	권	낚	게	기	퍼	이	게	이	관
구	다	여	킹	시	임	다	투	킹	여	독	캠	편	야	킹	임
포	퍼	뽐	휴	핑	투	야	수	물	심	여	퍼	포	천	상	의
게	야	천	수	퍼	식	스	스	동	야	야	서	서	휴	진	수
분	위	기	문	츠	적	마	마	캠	포	투	식	활	기	물	게
심	활	뽐	동	학	도	위	봉	하	늘	어	휴	킹	예	도	림
심	관	퍼	핑	문	자	여	시	권	식	둠	구	활	수	심	림
여	농	츠	편	천	봉	츠	편	츠	즐	임	림	편	스	궤	도
심	츠	핑	다	사	기	가	휴	가	춤	포	투	심	식	수	봉
임	독	물	야	활	물	시	지	예	농	킹	마	원	퍼	평	독
조	디	악	즐	춤	예	뽐	은	점	뽐	봉	도	독	농	선	술
즐	야	봉	투	식	동	물	하	편	예	기	뽐	투	재	퍼	편

소행성   수평선
천문학자   위도
천문학   궤도
분위기   하늘
천상의   태양
우주   지점
어둠   망원경
적도   보이는
은하   조디악
반구

19 - Mammals

도	황	소	늑	림	다	진	술	림	휴	독	시	사	기	스	야
야	원	핑	뿜	대	개	술	게	츠	서	춤	기	시	포	이	심
권	수	서	독	독	투	투	킹	스	야	원	돌	고	래	술	물
관	물	휴	식	다	그	법	춤	포	낚	숭	사	다	그	고	가
츠	물	권	농	봉	서	수	시	기	래	이	봉	심	물	릴	즐
구	츠	비	구	진	사	시	동	린	고	낚	포	편	투	라	관
기	뿜	버	수	공	그	식	구	휴	낚	양	임	도	법	관	야
핑	곰	야	예	낚	뿜	말	관	수	이	기	이	뿜	원	원	휴
임	권	관	기	편	여	진	킹	코	요	테	낚	사	시	뿜	동
여	독	법	퍼	재	관	임	법	예	춤	캠	퍼	재	술	동	수
활	퍼	츠	이	활	즐	봉	재	진	뿜	핑	재	진	구	여	구
법	술	야	술	식	권	츠	츠	동	임	공	얼	재	킹	투	뿜
포	그	투	춤	서	킹	렵	활	재	구	휴	룩	도	공	리	킹
물	농	시	여	즐	춤	공	낚	서	편	림	말	캠	토	끼	재
활	하	재	사	우	그	활	여	기	다	게	임	기	식	코	서
진	시	술	자	캥	거	루	예	독	활	츠	휴	림	진	킹	농

비버	고릴라
황소	캥거루
고양이	사자
코요테	원숭이
돌고래	토끼
코끼리	고래
여우	늑대
기린	얼룩말

20 - Fishing

독	수	구	심	활	술	독	춤	시	과	포	퍼	퍼	수	구	스
구	킹	핑	심	이	동	심	퍼	지	장	철	사	서	법	독	퍼
캠	임	식	독	권	포	츠	즐	임	느	턱	예	가	물	림	강
킹	마	이	수	술	진	동	캠	편	춤	러	끼	물	가	임	낚
봉	수	수	해	퍼	낚	츠	이	권	뿜	구	미	편	춤	독	스
물	게	술	변	재	스	마	도	식	서	바	구	니	계	배	핑
캠	공	마	뿜	원	구	재	이	여	재	동	그	관	림	절	농
술	하	관	무	게	포	심	야	여	야	시	술	게	법	뿜	뿜
서	핑	동	술	원	술	캠	렵	기	독	휴	예	춤	아	퍼	농
장	비	봉	구	포	캠	츠	게	임	독	구	수	낚	림	가	원
킹	캠	캠	관	춤	기	휴	독	활	농	예	권	야	원	기	미
퍼	예	이	휴	호	수	재	권	심	즐	렵	가	식	물	가	관
공	하	핑	동	재	캠	진	뿜	관	권	법	농	게	재	투	서
저	울	도	다	대	양	권	술	캠	재	동	편	재	이	농	관
즐	츠	관	낚	원	렵	츠	인	내	퍼	캠	구	훅	도	게	캠
활	서	수	임	츠	휴	진	독	기	심	재	가	야	킹	수	임

미끼	호수
바구니	대양
해변	인내
장비	저울
과장	계절
지느러미	무게
아가미	철사

21 - Bees

곤	예	재	동	심	시	여	야	구	술	퀸	츠	핑	렵	심	츠
충	휴	심	꿀	공	물	유	사	동	사	공	관	시	물	연	기
활	그	꽃	임	림	시	핑	익	림	동	핑	스	킹	생	태	계
봉	시	다	낚	법	수	법	이	한	킹	예	기	시	림	투	투
포	기	권	시	투	편	포	권	시	구	뺌	렵	사	봉	가	킹
수	동	편	림	권	정	원	물	원	마	도	술	도	츠	수	심
관	퍼	진	임	임	농	핑	츠	포	야	투	원	봉	원	야	투
예	가	스	재	이	춤	공	음	물	사	동	과	심	심	물	도
수	분	매	개	자	관	수	다	식	술	봉	하	일	그	투	식
떼	화	시	날	진	그	임	물	시	법	술	이	즐	뺌	다	기
공	가	진	동	법	도	임	법	낚	시	스	브	그	기	재	가
그	투	뺌	다	독	구	시	구	구	하	밀	림	스	투	진	재
수	서	성	사	스	권	츠	휴	권	핑	랍	독	수	편	진	다
휴	태	양	활	술	퍼	즐	다	기	캠	뺌	서	하	독	농	림
퍼	식	다	투	하	원	권	심	츠	도	공	식	봉	스	술	봉
활	림	이	심	여	술	농	낚	하	투	춤	지	하	술	춤	이

유익한	곤충
다양성	식물
생태계	화분
음식	수분 매개자
과일	연기
정원	태양
서식지	밀랍
하이브	날개

22 - Weather

온	편	토	가	분	림	하	낚	편	농	농	임	술	사	렵	임
다	도	네	여	이	위	재	식	천	둥	봉	핑	원	봉	식	그
킹	수	이	바	람	재	기	구	마	진	임	편	활	퍼	낚	포
편	사	도	예	가	마	이	권	도	가	시	활	게	낚	킹	동
독	수	예	관	미	기	독	활	권	포	뽐	동	사	뽐	관	투
수	그	봉	기	풍	폭	츠	심	퍼	킹	그	투	츠	즐	캠	예
킹	림	서	게	림	법	예	구	킹	그	공	사	물	원	스	가
츠	이	서	마	하	츠	물	심	킹	물	기	동	활	그	사	휴
동	투	포	법	늘	핑	킹	게	열	대	도	스	포	편	안	원
원	마	물	권	편	여	캠	도	림	투	법	원	츠	시	개	낚
극	휴	농	가	도	렵	야	재	예	물	진	독	식	시	퍼	게
선	야	가	뭄	뽐	편	기	시	공	캠	활	즐	술	그	가	킹
시	캠	편	진	퍼	야	공	후	물	춤	렵	휴	핑	관	여	심
다	렵	독	독	츠	편	렵	마	른	번	개	지	무	도	츠	스
즐	캠	공	휴	얼	음	허	리	케	인	구	원	츠	그	포	진
술	캠	동	활	캠	우	기	츠	핑	게	름	핑	그	구	관	스

분위기	우기
미풍	극선
기후	무지개
구름	하늘
가뭄	폭풍
마른	온도
안개	천둥
허리케인	토네이도
얼음	열대
번개	바람

23 - Adventure

위	험	한	기	스	아	퍼	활	하	수	킹	캠	봉	동	킹	활
법	법	심	뽐	심	름	재	뽐	어	려	움	핑	식	츠	킹	동
새	로	운	목	렵	다	자	즐	시	림	이	기	심	휴	수	봉
공	봉	안	적	도	움	연	림	농	기	물	항	일	정	법	스
도	봉	전	지	전	하	시	여	봉	공	즐	낚	해	투	이	관
특	서	술	낚	활	츠	춤	가	편	다	독	구	킹	여	게	낚
이	서	권	여	식	렵	예	원	퍼	캠	캠	춤	게	관	물	진
한	물	편	물	투	핑	마	기	림	캠	여	투	예	스	심	야
놀	라	운	권	독	하	뽐	심	휴	독	시	권	하	용	가	권
공	권	독	농	예	준	비	투	심	원	가	츠	마	감	공	뽐
도	심	편	이	관	다	사	이	춤	도	물	권	서	캠	포	휴
임	가	즐	진	림	마	술	수	그	포	공	물	공	사	도	시
공	다	이	렵	하	야	림	하	도	뽐	투	츠	하	투	관	구
열	그	마	원	관	스	그	핑	진	식	소	풍	도	기	휴	마
츠	광	투	춤	휴	다	원	스	휴	휴	가	여	수	구	회	편
가	농	그	휴	핑	친	구	림	가	임	구	술	낚	독	관	진

활동	친구
아름다움	일정
용감	기쁨
도전	자연
기회	항해
위험한	새로운
목적지	준비
어려움	안전
열광	놀라운
소풍	특이한

24 - Sport

술	농	심	영	양	원	그	핑	진	관	권	도	재	편	심	림
조	선	수	식	건	몸	관	킹	재	농	활	독	재	활	도	시
하	깅	권	마	춤	강	가	힘	그	구	야	핑	여	춤	근	쁨
스	그	법	예	스	도	물	춤	농	공	마	수	킹	하	육	임
킹	투	편	그	스	코	치	구	킹	캠	이	공	핑	임	물	법
츠	그	수	도	기	독	여	임	야	심	야	즐	그	골	춤	핑
스	휴	술	시	츠	하	원	농	물	법	진	임	능	력	구	지
트	렵	재	하	심	동	진	기	구	캠	시	야	원	즐	그	휴
레	도	림	법	쁨	공	렵	춤	다	그	법	야	렵	시	이	농
칭	도	재	물	심	관	즐	권	활	츠	킹	스	핑	기	도	여
림	뼈	관	마	수	마	춤	렵	농	야	마	츠	포	게	봉	프
서	츠	춤	링	원	물	기	예	마	심	재	킹	시	츠	핑	로
공	림	퍼	클	렵	핑	독	캠	마	투	춤	심	활	즐	춤	그
림	춤	다	이	어	트	구	농	마	낚	최	대	화	야	임	램
공	독	캠	사	술	활	투	투	시	림	시	춤	편	동	재	하
그	물	춤	춤	이	휴	독	식	임	식	가	법	렵	여	츠	봉

능력	조깅
선수	최대화
코치	근육
사이클링	영양
다이어트	프로그램
지구력	스포츠
건강	스트레칭

25 - Restaurant #2

권	이	킹	림	관	과	퍼	샐	캠	휴	퍼	편	임	사	심	서
재	법	마	휴	농	일	저	러	림	구	음	봉	원	그	공	농
공	사	렵	마	봉	츠	녁	드	예	퍼	료	가	즐	시	포	도
여	법	독	사	뽐	재	식	구	활	그	신	편	가	술	진	크
기	사	이	이	춤	동	사	식	편	물	향	법	기	사	낚	기
관	킹	독	원	물	숟	도	맛	있	는	렵	편	이	심	포	마
춤	여	기	예	고	가	심	케	즐	농	서	구	시	물	스	관
렵	퍼	의	자	기	락	사	뽐	이	동	활	핑	활	가	춤	얼
법	독	포	시	심	프	하	낚	수	크	동	편	재	다	림	음
공	수	캠	포	국	수	독	즐	원	물	구	여	수	구	사	농
재	원	심	재	마	퍼	킹	예	심	그	마	법	물	휴	포	편
심	진	렵	도	이	킹	투	낚	관	수	임	독	술	원	마	이
다	렵	심	도	뽐	뽐	하	수	원	동	농	마	채	전	렵	낚
임	마	진	가	핑	물	서	그	킹	기	여	금	소	이	임	사
시	편	진	가	춤	동	게	그	점	도	관	식	식	휴	킹	동
스	하	심	물	봉	시	웨	이	터	심	도	서	공	공	낚	식

전채	점심
음료	국수
케이크	샐러드
의자	소금
맛있는	수프
저녁 식사	향신료
물고기	숟가락
포크	채소
과일	웨이터
얼음	

26 - Geology

동	공	낚	진	심	법	식	야	림	즐	층	킹	농	예	임	여
투	투	고	봉	마	가	스	마	봉	야	퍼	산	도	농	하	기
킹	스	원	서	독	사	하	동	구	물	동	화	뿜	도	독	핑
물	킹	구	뿜	야	재	다	다	도	동	낚	가	법	수	하	농
킹	진	가	하	원	포	진	임	즐	권	편	캠	법	재	츠	사
공	물	렵	진	휴	물	캠	여	기	킹	부	식	서	즐	그	구
휴	독	기	마	독	캠	진	편	봉	술	서	즐	권	권	렵	농
여	킹	낚	식	관	도	투	즐	지	시	간	포	그	동	굴	동
기	칼	슘	크	리	스	탈	권	진	예	야	헐	종	유	석	화
즐	식	산	호	게	서	편	활	핑	봉	봉	즐	천	뿜	휴	포
캠	가	석	예	예	독	포	사	법	식	그	퍼	서	권	수	포
마	림	재	영	츠	가	탄	산	수	활	시	서	기	마	즐	물
대	원	관	권	즐	편	임	스	공	관	물	농	농	도	야	관
륙	구	소	금	용	암	임	그	다	여	즐	게	이	원	야	식
주	원	동	캠	킹	관	여	시	사	낚	낚	스	포	임	마	예
시	기	가	핑	뿜	츠	식	봉	여	예	권	시	뿜	동	휴	돌

칼슘
동굴
대륙
산호
크리스탈
주기
지진
부식
화석

간헐천
용암
탄산수
고원
석영
소금
종유석
화산

27 - House

독	기	권	예	난	물	도	술	바	닥	가	술	하	정	사	물
심	투	농	포	로	활	수	관	캠	식	구	도	퍼	원	식	방
술	림	임	임	다	독	농	기	관	재	구	여	봉	다	서	가
야	법	게	관	독	시	사	활	포	이	봉	재	심	포	다	동
문	동	츠	키	수	법	도	게	츠	기	구	수	식	도	술	핑
물	동	벽	샤	부	엌	서	동	술	츠	낚	원	야	이	캠	편
춤	게	심	즐	워	구	관	춤	원	법	재	츠	물	권	쁨	시
하	활	야	이	동	농	도	봉	권	심	하	식	낚	마	퍼	휴
춤	휴	봉	구	심	활	가	권	활	시	법	림	봉	시	활	핑
관	편	진	춤	렵	진	원	공	수	렵	원	다	편	공	투	서
포	동	애	서	즐	춤	휴	재	하	법	권	이	포	심	법	다
식	심	시	틱	사	서	지	구	법	심	림	가	퍼	진	커	동
휴	가	마	야	차	게	붕	재	서	재	물	킹	농	기	튼	창
기	리	램	프	고	킹	술	사	킹	심	서	재	렵	가	술	원
독	타	원	스	수	쁨	낚	비	게	여	낚	휴	법	캠	편	심
거	울	기	술	봉	게	수	핑	원	재	도	진	구	다	하	도

애틱	정원
커튼	부엌
울타리	램프
난로	도서관
바닥	거울
가구	지붕
차고	샤워

28 - Physics

가	그	진	뿜	다	핵	수	투	스	물	포	투	킹	퍼	이	물
재	야	상	스	관	심	포	원	예	법	핑	농	공	핑	구	시
핑	야	수	대	사	예	동	권	기	재	하	공	투	밀	원	심
법	시	서	예	성	퍼	진	가	역	야	뿜	빈	도	도	다	물
원	편	핑	진	핑	게	야	구	학	하	재	핑	투	하	낚	사
포	하	동	도	원	츠	다	서	다	츠	핑	활	심	킹	즐	시
임	분	자	속	수	권	진	츠	동	서	질	핑	원	캠	투
스	진	실	도	물	임	여	농	휴	임	포	량	그	휴	림
가	속	험	원	즐	도	서	츠	진	시	가	술	진	술	포
기	킹	킹	봉	투	임	이	동	봉	동	공	법	기	수	서
도	공	림	기	여	수	즐	진	활	야	재	킹	츠	식	츠
휴	물	전	자	입	심	다	술	관	술	킹	식	다	림	법
휴	식	임	원	그	그	도	공	진	춤	술	공	하	춤	캠	농
즐	혼	돈	농	시	구	편	춤	예	관	동	공	구	캠	림	여
즐	봉	여	식	확	춤	화	스	원	렵	뿜	하	임	임	식	심
사	원	서	물	법	장	학	게	구	술	심	수	진	핑	공	관	가	사

가속	빈도
원자	가스
혼돈	자기
화학	질량
밀도	역학
전자	분자
엔진	입자
확장	상대성
실험	속도
수식	

29 - Colors

스	동	뺌	시	공	마	다	수	사	림	독	수	킹	캠	봉	수
루	블	임	안	관	임	퍼	동	농	서	투	투	시	심	이	뺌
이	공	랙	술	마	젠	타	베	물	수	권	뺌	재	퍼	낚	다
게	스	림	관	권	야	원	이	얀	퍼	춤	마	도	심	퍼	관
노	란	색	하	그	남	빛	지	하	도	핑	즐	농	공	즐	퍼
공	물	예	츠	다	도	춤	그	늘	림	시	원	물	게	렵	관
활	회	핑	농	서	공	춤	시	빛	바	이	올	렛	서	농	도
캠	색	분	홍	보	자	홍	색	녹	색	심	림	서	투	임	세
포	간	마	춤	물	라	농	포	동	하	림	다	투	법	게	피
사	빨	구	핑	시	독	색	캠	기	활	심	림	법	농	독	아
낚	재	농	독	진	봉	진	권	심	권	캠	구	물	춤	동	퍼
낚	공	낚	뺌	마	법	낚	다	시	갈	포	퍼	수	임	여	농
기	마	게	퍼	임	수	츠	사	춤	권	색	하	동	투	활	하
하	야	진	오	렵	임	물	렵	이	시	뺌	기	농	마	서	춤
하	독	농	렌	활	편	사	임	가	봉	수	이	독	동	독	원
가	게	다	지	구	림	식	서	야	임	가	하	게	활	동	술

하늘빛	마젠타
베이지	오렌지
블랙	분홍
블루	보라색
갈색	빨간색
시안	세피아
자홍색	바이올렛
녹색	하얀
회색	노란색
남빛	

30 - Shapes

춤 도 서 도 권 하 도 농 법 춤 타 법 호 재 시 가
구 피 라 미 드 삼 봉 핑 캠 활 법 원 활 정 춤 활
모 서 리 수 가 각 봉 낚 실 린 더 타 형 사 야 핑
술 심 다 렵 림 형 낚 도 마 쁨 도 스 각 각 스 그
독 임 식 핑 프 재 여 휴 츠 투 캠 동 다 형 림 공
다 핑 사 술 춤 리 예 시 포 농 휴 입 그 물 술 수
봉 킹 사 권 시 쌍 즘 가 장 자 리 방 즐 여 물 재
그 편 활 즐 춤 게 곡 기 렵 투 식 체 물 낚 측 활
도 캠 원 뿔 권 독 기 선 곡 독 원 구 식 가 면 임
기 시 춤 농 림 그 도 스 야 퍼 그 체 이 츠 시 춤
편 캠 쁨 이 사 진 퍼 낚 낚 봉 게 렵 활 여 캠 식
퍼 킹 직 사 각 형 킹 봉 스 법 임 기 핑 원 공 야
식 술 서 임 츠 봉 이 진 캠 여 도 쁨 권 활 다 공
렵 게 도 관 스 구 야 다 그 관 킹 야 스 활 게 춤
물 식 심 그 핑 다 가 시 낚 여 독 시 게 퍼 포 봉
그 예 이 츠 춤 식 핑 츠 서 휴 즐 가 가 사 식 동

원뿔	다각형
모서리	프리즘
입방체	피라미드
곡선	직사각형
실린더	측면
가장자리	구체
타원	정사각형
쌍곡선	삼각형
타원형	

31 - Scientific Disciplines

춤	생	관	뿜	법	렵	스	역	원	낚	킹	편	서	시	고	포
스	물	재	춤	예	휴	핑	학	회	사	편	핑	임	휴	고	뿜
재	학	역	면	뿜	뿜	스	질	물	공	낚	킹	도	학	이
킹	문	동	가	생	언	공	지	공	식	관	렵	스	야	물	구
여	천	렵	광	리	어	투	마	독	법	츠	서	야	활	동	물
구	기	다	물	학	학	휴	독	시	사	캠	공	사	편	도	림
법	휴	퍼	학	투	술	독	도	임	수	포	시	편	퍼	공	예
진	킹	이	사	핑	스	심	사	가	심	편	낚	농	재	휴	마
캠	원	심	투	투	포	야	공	시	농	게	진	재	봉	킹	동
핑	이	물	스	예	활	활	휴	춤	렵	시	림	시	법	춤	물
진	렵	공	시	하	춤	춤	서	사	낚	임	춤	기	봉	기	즐
도	심	예	기	수	농	심	캠	원	뿜	스	운	동	학	기	퍼
킹	농	퍼	식	식	다	물	퍼	예	신	화	학	휴	생	구	춤
서	사	권	식	츠	예	렵	해	서	경	가	생	가	화	재	사
법	예	뿜	권	핑	권	술	수	부	학	리	심	태	학	법	캠
예	임	림	관	츠	봉	낚	활	다	뿜	시	가	술	학	역	열

해부	운동학
고고학	언어학
천문학	역학
생화학	광물학
생물학	신경학
식물학	생리학
화학	심리학
생태학	사회학
지질학	열역학
면역학	동물학

32 - Science

하	봉	실	사	캠	가	분	그	마	캠	마	권	도	봉	과	도
스	법	가	험	권	춤	자	권	서	뿜	투	여	야	게	학	원
재	그	활	츠	실	관	림	관	법	기	실	낚	킹	술	자	투
식	다	퍼	원	구	구	편	핑	게	후	험	독	뿜	농	하	도
동	시	중	력	수	시	봉	구	스	원	식	원	투	캠	뿜	림
마	편	그	뿜	게	츠	입	자	다	심	연	자	투	핑	심	핑
림	석	여	춤	동	도	야	도	진	이	그	시	시	투	마	독
공	화	마	게	즐	게	원	수	농	기	진	퍼	캠	편	캠	이
즐	핑	학	리	물	탄	예	권	공	임	편	화	퍼	임	즐	도
투	핑	이	권	원	산	렵	즐	식	방	법	독	춤	포	야	휴
관	시	봉	원	그	수	마	렵	물	동	물	동	이	진	가	핑
원	포	하	하	물	하	법	술	원	시	동	투	심	수	관	서
구	물	봉	킹	휴	식	가	수	다	야	낚	야	뿜	기	권	식
데	즐	여	시	도	포	설	편	유	츠	사	술	게	식	농	술
이	게	림	공	동	퍼	독	예	기	포	식	낚	수	가	마	이
터	심	이	심	츠	투	킹	편	체	렵	가	게	임	법	킹	동

원자	실험실
화학	방법
기후	탄산수
데이터	분자
진화	자연
실험	유기체
사실	입자
화석	물리학
중력	식물
가설	과학자

33 - Beauty

예	력	매	퍼	은	츠	림	렵	시	독	춤	이	서	핑	렵	시
임	구	끄	동	원	혜	예	게	식	편	법	즐	캠	렵	시	편
예	식	러	퍼	임	동	술	춤	투	게	관	물	동	서	마	봉
다	법	운	마	이	림	킹	림	기	가	시	즐	술	예	색	림
투	스	임	낚	서	비	스	휴	진	거	심	술	마	동	휴	캠
원	즐	뿜	재	도	가	원	기	그	울	춤	법	핑	기	예	그
공	낚	동	렵	활	동	사	원	그	샴	푸	임	포	투	농	사
관	동	여	법	마	캠	츠	투	가	위	독	예	시	렵	여	활
스	킹	춤	그	뿜	캠	원	물	장	여	화	즐	휴	활	포	물
예	림	임	법	우	아	한	수	문	게	시	장	공	캠	법	예
유	화	캠	퍼	낚	여	구	춤	뿜	림	심	사	품	제	원	핑
킹	수	츠	낚	농	그	식	식	마	향	게	사	츠	춤	야	퍼
활	하	스	즐	원	기	물	진	관	기	도	투	림	그	예	물
포	토	제	닉	여	동	츠	가	농	시	물	동	원	우	진	하
립	스	틱	식	진	포	원	킹	피	수	동	여	뿜	킹	아	림
서	다	물	포	마	스	카	라	부	휴	마	도	권	다	임	퍼

매력	유화
화장품	포토제닉
우아	제품
우아한	가위
향기	서비스
은혜	샴푸
립스틱	피부
마스카라	매끄러운
거울	문장가

34 - Clothes

스	장	시	시	게	공	츠	스	투	도	임	공	예	렵	휴	구
카	갑	진	낚	림	모	자	동	스	구	이	진	뿜	식	여	퍼
프	뿜	독	스	임	다	가	렵	구	도	츠	뿜	심	식	동	마
사	뿜	핑	웨	그	이	그	렵	구	핑	원	핑	뿜	사	원	활
진	그	편	터	퍼	치	게	낚	원	포	임	뿜	휴	편	뿜	동
농	식	바	재	활	수	마	치	앞	마	기	법	도	여	농	킹
휴	뿜	다	지	농	스	권	퍼	핑	이	예	팔	잠	옷	투	예
봉	수	춤	구	봉	스	야	그	예	즐	츠	찌	춤	여	하	뿜
핑	휴	관	캠	두	물	권	휴	야	편	술	츠	킹	봉	재	식
진	블	라	우	스	서	스	패	재	퍼	시	다	렵	스	독	시
농	봉	기	츠	레	가	마	션	청	바	지	뿜	시	츠	구	즐
임	뿜	동	렵	드	재	농	구	그	권	마	도	식	렵	예	춤
수	퍼	진	코	물	킷	셔	츠	도	심	그	렵	원	활	권	원
그	예	렵	트	퍼	기	구	포	야	마	낚	식	수	원	도	봉
야	시	예	벨	낚	물	샌	법	서	낚	포	캠	서	재	법	춤
츠	심	활	사	퍼	렵	들	편	술	스	여	포	보	석	류	마

앞치마	청바지
벨트	보석류
블라우스	잠옷
팔찌	바지
코트	샌들
드레스	스카프
패션	셔츠
장갑	구두
모자	치마
재킷	스웨터

35 - Ethics

물	핑	휴	림	투	기	술	하	편	봉	권	활	물	시	휴	춤
의	주	천	낙	휴	편	포	림	그	합	리	적	인	편	스	하
주	존	엄	성	무	휴	즐	도	마	여	물	캠	기	심	물	다
인	류	활	휴	결	외	교	예	임	즐	츠	렵	퍼	여	뽐	값
개	예	농	핑	성	구	예	낚	게	휴	공	차	이	림	활	임
여	스	하	법	예	봉	다	휴	수	술	활	게	휴	심	퍼	시
낚	독	게	식	관	기	뽐	식	동	진	렵	하	포	츠	도	야
투	식	이	하	권	춤	휴	법	퍼	독	킹	가	농	츠	낚	서
가	동	진	진	렵	원	츠	스	낚	마	가	마	연	물	이	독
구	물	마	예	인	내	임	합	투	예	사	임	활	민	타	권
퍼	도	뽐	수	낚	스	낚	리	철	사	정	기	재	봉	주	이
마	법	서	구	물	도	물	성	학	퍼	원	직	핑	투	의	봉
츠	투	봉	뽐	친	절	게	술	도	봉	림	기	리	얼	리	즘
즐	춤	게	마	활	퍼	수	협	도	스	농	예	춤	활	진	가
캠	뽐	킹	재	렵	독	진	력	예	지	포	물	시	동	법	게
활	즐	활	독	야	스	림	독	권	혜	핑	식	수	춤	원	캠

이타주의	친절
연민	낙천주의
협력	인내
존엄성	철학
외교	합리성
정직	리얼리즘
인류	합리적인
개인주의	공차
무결성	지혜

36 - Astronomy

우	즐	그	전	휴	농	야	킹	뽐	관	휴	핑	시	도	캠	야
뽐	주	술	망	농	진	술	여	로	켓	낚	킹	다	퍼	술	봉
이	킹	비	대	사	투	원	원	게	캠	코	스	모	스	게	식
구	구	권	행	캠	하	달	편	마	물	렵	다	여	가	다	그
춘	분	가	다	사	시	낚	예	관	그	도	킹	도	활	초	수
권	식	봉	농	야	다	즐	야	독	동	기	림	게	서	신	봉
법	킹	기	렵	봉	하	수	츠	여	원	캠	동	권	운	성	스
게	봉	술	츠	동	농	늘	여	서	기	편	도	여	재	유	예
스	여	렵	기	권	관	림	활	식	퍼	휴	시	활	도	이	림
츠	포	캠	포	퍼	야	사	식	법	하	하	핑	야	야	그	식
츠	활	게	동	활	야	편	핑	림	하	게	캠	농	조	지	공
포	농	관	편	핑	그	임	사	농	물	농	핑	진	디	구	위
별	도	퍼	예	가	예	야	공	츠	낚	봉	핑	이	악	은	성
퍼	자	학	문	천	편	식	가	진	여	포	가	기	즐	하	행
렵	야	리	뽐	스	수	킹	여	핑	식	도	농	킹	행	성	소
수	심	물	식	도	낚	재	하	퍼	방	사	공	킹	공	심	예

소행성	성운
우주 비행사	전망대
천문학자	행성
별자리	방사
코스모스	로켓
지구	위성
춘분	하늘
은하	초신성
유성	조디악

37 - Health and Wellness #2

스 여 예 즐 원 야 공 캠 독 츠 렵 춤 권 술 병 물
봉 원 츠 수 하 핑 임 야 야 관 활 무 게 도 원 사
심 봉 킹 편 스 건 투 휴 야 권 독 권 가 술 낚 하
츠 야 물 법 트 임 강 피 포 편 춤 휴 예 심 포 사
진 림 임 킹 레 원 봉 한 알 레 르 기 독 퍼 구 그
구 감 염 낚 스 시 서 마 비 도 킹 심 서 도 봉 관
활 편 포 식 임 다 임 핑 타 게 탈 에 너 지 캠 공
렵 이 관 가 기 임 재 물 민 진 수 투 수 법 렵 동
예 농 캠 물 독 뽐 휴 진 임 그 재 질 여 위 생 여
림 서 편 스 수 츠 캠 포 물 공 진 병 퍼 낚 해 농
다 뽐 임 사 즐 구 마 서 예 캠 영 시 기 마 심 부
이 심 휴 핑 스 독 낚 식 게 서 양 낚 식 욕 공 다
어 퍼 이 시 퍼 재 물 식 그 서 예 관 칼 스 츠 야
트 권 서 여 퍼 원 게 스 여 퍼 예 심 로 유 전 학
킹 야 마 심 독 구 핑 하 독 임 게 회 리 마 사 지
그 물 원 서 포 투 퍼 이 관 임 투 스 복 게 동 휴

알레르기	병원
해부	위생
식욕	감염
칼로리	마사지
탈수	영양
다이어트	회복
질병	스트레스
에너지	비타민
유전학	무게
건강한	

38 - Disease

물	편	즐	사	활	알	다	림	뿜	스	재	뼈	휴	술	시	낚
진	스	폐	그	도	원	레	동	마	증	염	춤	뿜	야	즐	낚
원	뿜	여	춤	츠	동	르	마	마	후	서	스	심	기	권	구
재	진	법	술	면	역	심	장	기	군	뿜	봉	독	술	렵	수
유	임	야	사	마	동	킹	재	흡	봉	독	포	서	구	낚	퍼
전	농	서	마	퍼	물	휴	물	호	봉	춤	수	원	농	술	캠
임	야	물	뿜	킹	춤	구	투	술	진	가	사	동	림	구	도
시	야	사	포	퍼	농	이	캠	낚	진	츠	킹	휴	핑	복	부
하	예	즐	휴	림	스	사	도	진	동	약	한	휴	권	예	농
유	전	적	낚	동	사	츠	활	진	동	캠	춤	렵	마	식	관
킹	진	심	가	서	하	술	임	공	킹	관	서	하	활	핑	즐
도	이	관	예	서	몸	건	강	봉	관	츠	춤	포	활	이	독
구	구	진	농	심	하	원	활	술	포	식	춤	독	림	술	재
이	급	물	츠	농	관	핑	핑	공	뿜	기	가	게	마	렵	츠
하	성	킹	법	추	기	사	공	봉	야	휴	스	퍼	가	편	술
권	활	만	원	요	법	식	핑	포	심	춤	관	수	포	포	물

복부
급성
알레르기
만성
유전적
건강
심장
유전

면역
염증
요추
호흡기
공동
증후군
요법
약한

39 - Time

술	동	림	즐	진	정	낚	예	마	낚	이	하	주	림	예	림
봉	다	세	춤	관	오	십	시	쁨	게	물	게	포	그	야	임
그	임	기	오	포	그	년	봉	림	게	포	심	마	포	공	봉
렵	사	핑	늘	포	스	공	마	춤	이	그	하	관	독	구	원
낚	봉	독	공	독	권	림	하	킹	휴	여	시	계	다	달	야
서	사	가	이	임	관	이	재	관	관	동	편	관	핑	력	원
즐	진	낚	도	퍼	투	퍼	곧	림	재	독	편	츠	재	춤	식
도	렵	공	기	편	츠	핑	투	춤	렵	술	물	재	물	퍼	독
수	야	킹	림	독	진	심	밤	수	구	전	캠	포	즐	림	재
마	마	쁨	술	하	즐	이	휴	기	심	에	술	술	활	휴	캠
법	야	공	예	활	예	다	가	림	캠	가	투	봉	서	심	동
심	사	렵	스	미	예	재	시	낚	시	다	편	진	연	월	원
농	투	예	림	래	기	하	관	낚	간	독	지	금	림	간	림
즐	법	동	도	그	식	독	분	여	활	원	렵	임	게	퍼	구
농	휴	독	투	공	림	마	서	일	그	진	권	구	수	법	렵
게	수	봉	스	쁨	킹	도	즐	찍	기	심	아	침	이	권	림

연간	미래
전에	시간
달력	아침
세기	정오
시계	지금
십년	오늘
일찍	

40 - Buildings

수	게	편	임	진	실	킹	원	뽐	농	가	게	임	춤	관	스
활	병	원	구	뽐	핑	험	극	장	공	탑	즐	즐	공	캠	낚
가	마	캠	영	화	츠	캠	실	예	관	하	사	임	수	권	캠
사	동	법	원	관	마	다	춤	마	기	다	성	킹	경	림	도
게	재	예	전	망	대	원	시	마	원	휴	도	기	하	관	그
술	봉	공	권	스	구	동	츠	투	물	가	호	텔	장	술	그
호	스	텔	물	수	술	핑	활	투	야	관	캠	림	여	활	춤
여	이	다	공	봉	재	뽐	권	하	츠	휴	즐	포	게	즐	독
권	편	술	진	진	원	퍼	농	진	도	원	식	게	게	봉	춤
봉	다	가	법	농	구	핑	낚	포	퍼	이	대	사	관	림	림
구	게	봉	이	낚	도	공	츠	사	림	임	헛	기	캠	그	독
그	츠	휴	캠	핑	술	야	츠	서	춤	식	간	캠	관	편	휴
농	투	도	렵	퍼	야	편	가	동	공	퍼	학	교	하	심	사
원	구	츠	텐	트	파	아	렵	관	술	투	농	대	임	마	투
동	렵	도	춤	심	동	식	편	뽐	뽐	원	법	독	츠	스	공
슈	퍼	마	켓	심	독	구	심	렵	가	물	여	캐	빈	임	구

아파트
헛간
캐빈
영화
대사관
공장
병원
호스텔
호텔

실험실
박물관
전망대
학교
경기장
슈퍼마켓
텐트
극장
대학

41 - Philanthropy

공	농	프	캠	독	그	동	기	그	핑	서	뽐	퍼	동	정	림
킹	수	로	독	들	기	부	하	시	관	게	휴	포	술	청	직
퍼	츠	그	역	람	핑	퍼	서	그	하	다	재	그	춤	소	렵
권	게	램	명	사	물	투	투	하	재	봉	선	자	금	년	심
퍼	캠	농	림	도	포	권	기	독	츠	심	공	도	물	캠	퍼
투	투	봉	법	물	퍼	야	가	사	도	전	공	투	심	마	봉
게	사	권	투	캠	임	다	스	공	도	기	의	즐	수	렵	핑
즐	식	원	마	춤	재	활	활	물	원	그	룹	렵	독	식	림
법	진	독	수	공	편	킹	구	사	캠	게	캠	포	스	츠	시
어	린	이	스	공	킹	스	봉	뽐	서	츠	관	동	필	요	시
심	마	독	즐	마	임	하	술	마	구	관	시	농	식	식	렵
커	뮤	니	티	목	시	이	도	권	낚	공	원	인	류	편	게
연	사	권	식	표	츠	츠	포	투	도	임	구	심	독	금	융
렵	락	독	스	림	임	관	이	여	농	관	캠	관	대	동	이
법	림	처	하	도	활	원	하	이	여	도	하	마	서	기	캠
심	예	독	포	관	뽐	스	진	원	관	권	식	투	권	이	동

도전	그룹
자선	역사
어린이	정직
커뮤니티	인류
연락처	사명
기부	필요
금융	사람들
자금	프로그램
관대	공공의
목표	청소년

42 - Gardening

퍼	핑	스	츠	츠	기	수	공	킹	식	도	시	그	농	퍼	활
물	렵	즐	흙	사	사	기	농	봉	시	용	기	여	식	활	츠
플	휴	권	스	권	독	시	예	뽐	예	스	다	원	사	활	수
로	핑	마	다	예	진	임	뽐	림	기	임	야	휴	하	뽐	임
랄	사	포	수	하	그	춤	관	종	술	게	가	구	재	임	포
편	춤	게	구	여	예	예	여	뽐	과	수	원	사	기	도	관
시	서	스	물	포	활	츠	편	공	농	공	물	낚	독	구	재
기	즐	물	사	독	시	도	즐	스	재	그	예	농	게	구	뽐
물	식	낚	야	컨	심	캠	캠	재	관	편	킹	임	핑	여	킹
심	게	즐	활	테	서	낚	즐	퍼	다	기	공	술	핑	여	휴
꽃	인	적	국	이	식	가	구	활	가	활	사	법	활	심	진
다	수	분	뽐	너	퍼	물	캠	이	야	츠	술	관	가	춤	구
발	원	게	시	여	씨	앗	식	예	낚	원	원	편	다	퇴	비
킹	기	술	농	계	심	게	림	여	야	포	시	킹	편	도	마
뽐	관	후	호	절	예	식	토	양	법	원	진	킹	포	원	독
잎	스	동	스	임	이	관	식	공	춤	꽃	뽐	렵	편	렵	가

식물   플로랄
꽃다발   호스
기후   수분
퇴비   과수원
컨테이너   계절
식용   씨앗
이국적인   토양

43 - Herbalism

파	낚	사	사	마	투	이	임	다	도	투	즐	예	야	여	렵
관	슬	임	낚	포	구	그	여	원	렵	핑	술	뿜	활	서	캠
봉	농	리	마	즈	로	임	캠	사	농	렵	농	캠	식	마	가
핑	심	림	꽃	녹	낚	재	스	춤	퍼	게	관	독	투	킹	독
춤	핑	편	관	색	뿜	임	하	맛	동	낚	식	정	야	포	핑
사	동	킹	예	도	심	캠	사	츠	식	구	봉	원	봉	츠	캠
포	물	게	하	휴	즐	식	하	가	즐	공	이	곤	라	타	임
동	임	재	이	권	식	서	뿜	구	원	기	림	마	벤	유	원
킹	이	이	법	그	포	렵	마	조	람	게	오	늘	더	익	시
독	림	술	도	관	기	휴	봉	사	방	향	족	레	권	한	민
예	스	관	기	다	술	츠	캠	공	사	회	농	시	가	진	트
식	즐	가	심	여	다	투	춤	이	농	동	스	마	바	노	임
물	퍼	포	사	예	야	도	포	퍼	여	사	프	란	질	사	농
퍼	킹	구	즐	재	임	재	원	법	투	농	진	투	춤	식	스
원	요	리	성	분	퍼	낚	봉	법	예	휴	권	활	기	동	법
스	렵	구	임	도	여	봉	퍼	핑	여	가	독	임	진	다	원

방향족	라벤더
바질	마조람
유익한	민트
요리	오레가노
회향	파슬리
정원	식물
마늘	로즈마리
녹색	사프란
성분	타라곤

44 - Vehicles

퍼	임	임	권	농	가	다	투	식	즐	편	이	관	예	임	도
캐	러	밴	다	재	킹	임	구	즐	휴	동	렵	도	다	나	물
도	재	공	활	권	이	봉	법	임	렵	수	낚	원	예	룻	술
공	다	츠	캠	농	게	권	자	전	거	법	이	법	뿜	배	뿜
다	여	게	술	차	스	가	그	츠	투	림	사	수	도	이	독
버	로	츠	기	물	춤	다	봉	핑	기	캠	가	캠	핑	원	춤
하	스	켓	포	비	가	이	기	스	캠	동	서	마	즐	독	임
기	그	림	배	행	법	권	뿜	마	도	타	이	어	야	스	심
뗏	퍼	포	구	기	포	춤	모	공	식	편	이	서	독	서	농
목	캠	스	여	여	뿜	포	터	야	권	여	이	림	편	핑	가
투	도	쿠	잠	택	시	편	랙	지	휴	핑	심	활	도	기	식
구	게	터	수	츠	술	럭	트	하	서	원	사	구	마	농	스
기	여	콥	함	가	낚	포	임	철	다	야	농	급	관	이	가
식	퍼	리	낚	퍼	활	법	뿜	수	엔	독	포	차	편	즐	그
물	투	헬	이	게	게	츠	캠	마	진	원	포	가	술	원	야
스	심	공	낚	원	가	편	편	시	물	핑	원	츠	포	진	공

비행기	뗏목
구급차	로켓
자전거	스쿠터
버스	잠수함
캐러밴	지하철
엔진	택시
나룻배	타이어
헬리콥터	트랙터
모터	트럭

45 - Flowers

권	물	히	기	활	관	임	꽃	재	스	민	렵	수	법	스	야
다	핑	비	귀	양	물	진	다	구	즐	다	핑	난	임	휴	다
핑	물	스	가	클	이	캠	발	봉	목	투	도	초	시	서	공
낚	뿜	커	사	로	편	편	편	치	춤	련	공	기	사	가	사
공	시	스	즐	버	츠	예	서	자	여	락	심	임	데	수	권
심	시	법	핑	낚	법	관	편	뿜	춤	일	츠	야	이	재	시
여	원	그	농	도	예	림	진	동	기	라	바	해	지	렵	도
관	농	츠	관	독	렵	야	튤	스	즐	벤	동	원	구	렵	투
진	하	다	스	하	하	킹	립	야	즐	더	기	가	구	여	춤
임	심	민	재	춤	낚	투	봉	술	가	핑	농	재	투	캠	도
낚	임	들	수	시	백	권	마	꽃	포	진	휴	휴	핑	재	여
원	플	레	임	야	재	합	야	잎	휴	술	킹	임	도	서	심
낚	루	모	다	식	구	구	금	송	화	여	킹	원	봉	마	심
춤	메	서	란	마	기	심	봉	동	선	사	도	시	수	렵	하
시	리	공	구	게	물	재	농	춤	수	진	봉	재	마	핑	퍼
스	아	하	식	그	퍼	서	포	서	핑	관	예	임	마	시	퍼

꽃다발	라일락
금송화	백합
클로버	목련
수선화	난초
데이지	모란
민들레	꽃잎
치자	플루메리아
히비스커스	양귀비
재스민	해바라기
라벤더	튤립

46 - Health and Wellness #1

하	의	사	구	도	즐	낚	렵	골	진	수	핑	호	하	활	핑
시	렵	반	권	핑	퍼	진	재	절	료	술	스	르	진	동	공
바	이	러	스	동	다	마	수	츠	소	피	캠	몬	편	적	투
재	그	기	공	임	그	원	림	원	편	식	부	게	독	인	즐
핑	습	관	마	핑	임	구	재	이	렵	낚	다	치	료	림	이
원	구	진	렵	이	이	야	예	여	법	림	임	서	법	사	활
법	낚	핑	관	사	수	농	다	하	뿜	춤	근	뿜	퍼	편	관
기	림	농	킹	렵	다	구	공	여	킹	술	육	임	그	권	포
마	관	심	하	다	구	시	야	구	다	진	도	뿜	공	원	원
물	캠	낚	농	퍼	재	임	핑	동	기	캠	술	핑	봉	예	관
동	사	춤	재	원	심	박	테	리	아	술	관	서	관	캠	심
요	렵	심	스	가	수	핑	춤	시	심	활	시	굶	독	공	수
원	법	시	권	킹	공	핑	봉	술	그	퍼	마	주	렵	다	뼈
캠	편	재	게	이	서	포	독	기	봉	그	하	림	약	신	활
뿜	농	다	동	임	편	뿜	약	농	공	키	사	편	휴	경	사
원	투	진	서	스	춤	다	국	다	핑	도	휴	진	식	봉	구

활동적인	신경
박테리아	약국
진료소	반사
의사	휴식
골절	피부
습관	요법
호르몬	치료
굶주림	바이러스
근육	

47 - Town

봉	물	스	즐	공	진	료	소	갤	약	투	포	하	츠	핑	다
권	활	식	도	가	게	휴	편	러	국	재	사	스	관	식	원
렵	하	마	스	서	림	임	동	리	농	이	봉	식	스	재	츠
은	행	낚	가	편	관	물	박	심	투	뿜	서	농	사	동	극
예	즐	농	렵	낚	도	여	편	야	그	도	그	시	킹	사	장
기	원	농	재	시	시	시	투	츠	원	플	로	리	스	트	이
다	편	사	공	법	사	츠	여	서	츠	이	퍼	식	시	수	수
서	점	권	원	식	술	킹	공	다	빵	집	렵	사	봉	춤	임
포	농	서	캠	예	츠	도	캠	동	식	활	즐	즐	독	림	법
수	림	춤	진	슈	퍼	마	켓	포	츠	임	서	예	시	뿜	다
츠	물	캠	독	서	공	하	기	기	봉	춤	원	림	장	기	경
야	예	이	이	시	임	항	핑	구	진	그	물	활	스	뿜	림
관	다	즐	다	권	물	교	동	물	원	야	임	진	투	캠	이
사	핑	도	식	심	대	학	도	활	호	원	가	그	림	캠	마
동	서	심	킹	다	캠	야	핑	독	원	텔	기	예	영	화	춤
이	예	활	츠	즐	킹	공	농	퍼	포	마	식	핑	농	봉	심

공항	시장
빵집	박물관
은행	약국
서점	학교
영화	경기장
진료소	가게
플로리스트	슈퍼마켓
갤러리	극장
호텔	대학
도서관	동물원

48 - Antarctica

도	봉	스	보	권	가	편	마	휴	캠	투	뽐	렵	권	공	기
기	서	예	존	그	즐	기	즐	포	츠	편	수	구	츠	기	야
수	진	법	심	봉	권	시	포	환	관	마	시	공	활	서	진
반	도	여	법	공	수	림	낚	경	렵	야	투	농	심	권	투
마	낚	온	법	뽐	공	후	미	춤	기	캠	스	림	킹	즐	편
츠	휴	동	연	구	원	마	마	즐	공	하	투	재	식	법	캠
서	다	독	그	여	편	다	임	수	게	다	그	다	츠	도	그
형	기	투	스	뽐	공	이	술	포	여	과	사	독	스	독	얼
지	그	불	관	휴	예	핑	사	뽐	렵	학	이	예	만	츠	음
리	독	안	게	법	법	동	투	마	봉	적	캠	독	수	스	권
학	야	정	원	구	편	물	관	포	핑	캠	독	춤	법	재	스
원	편	한	구	물	편	시	렵	포	권	농	농	휴	핑	봉	마
구	구	재	다	게	법	재	임	낚	빙	다	이	가	게	핑	낚
구	름	그	대	륙	퍼	휴	독	재	법	하	진	렵	술	마	투
투	활	권	투	퍼	이	동	림	섬	공	봉	이	관	그	진	킹
물	시	휴	여	춤	독	조	류	춤	재	재	주	심	하	활	관

조류	얼음
구름	이주
보존	반도
대륙	연구원
후미	불안정한
환경	과학적
원정	온도
지리학	지형
빙하	

49 - Ballet

법	발	낚	법	서	춤	구	퍼	구	림	법	도	서	수	관	권
게	레	재	재	편	기	음	악	야	독	도	도	사	농	춤	법
근	리	게	렵	권	시	술	포	스	낚	임	기	물	활	심	술
육	나	강	렬	함	캠	물	게	기	동	춤	서	독	농	청	중
예	술	적	동	식	사	권	임	시	편	도	예	봉	다	관	여
그	기	렵	임	야	춤	공	수	휴	식	사	안	봉	스	하	야
여	심	식	편	스	하	수	낚	재	연	야	진	무	다	봉	그
수	게	심	임	진	야	림	이	나	습	재	하	림	림	술	하
제	활	활	공	심	구	그	술	타	서	캠	림	법	시	임	여
스	설	허	리	그	렵	이	낚	내	수	식	편	림	활	림	원
처	관	킹	듬	시	진	마	포	는	하	뽐	캠	춤	재	휴	게
핑	스	원	농	술	춤	봉	독	심	퍼	도	서	물	투	사	임
포	댄	타	포	물	다	림	춤	그	임	편	공	그	서	하	그
낚	서	수	일	박	식	진	도	도	도	스	봉	사	우	시	츠
포	즐	게	업	수	오	케	스	트	라	물	공	법	아	물	캠
작	곡	가	재	시	독	재	시	핑	법	활	가	여	한	술	도

박수	강렬함
예술적	수업
청중	근육
발레리나	음악
안무	오케스트라
작곡가	연습
댄서	리허설
나타내는	리듬
제스처	스타일
우아한	기술

50 - Fashion

핑	공	버	원	그	핑	활	임	휴	투	하	물	예	의	시	서
식	공	튼	수	하	농	심	독	관	시	법	부	구	류	관	법
마	편	재	구	법	사	공	재	현	대	정	티	그	스	다	원
원	마	실	휴	물	렵	재	동	진	법	교	크	식	퍼	활	본
렵	도	용	휴	림	휴	즐	권	독	기	한	독	여	독	킹	낚
겸	렵	적	농	독	캠	권	게	킹	렵	활	편	비	뿜	하	활
심	손	인	마	수	스	식	포	사	편	스	식	싼	스	심	도
술	예	한	렵	그	캠	동	공	낚	조	물	예	야	여	봉	물
즐	스	타	일	활	핑	수	레	농	직	가	퍼	그	시	킹	츠
우	아	한	독	포	야	휴	마	이	춤	츠	퍼	무	늬	츠	술
시	다	여	관	술	춤	자	포	권	스	심	물	렵	권	심	서
사	식	물	야	야	사	캠	수	구	동	퍼	렵	낚	임	측	편
농	투	활	간	단	한	봉	권	포	가	동	술	투	수	정	렵
스	진	봉	츠	법	식	여	낚	수	휴	독	다	식	물	그	이
권	미	니	멀	리	스	트	재	동	편	구	사	동	편	편	그
다	법	임	심	춤	가	림	그	림	물	예	경	향	낚	춤	림

부티크
버튼
의류
우아한
자수
비싼
레이스
측정
미니멀리스트
현대

겸손한
원본
무늬
실용적인
간단한
정교한
스타일
조직
경향

51 - Human Body

기	즐	뼘	킹	공	캠	하	춤	투	게	진	서	기	림	캠	독
포	진	독	시	구	사	수	진	편	원	휴	퍼	춤	즐	재	야
츠	동	핑	춤	게	봉	림	시	낚	킹	원	렵	물	투	춤	마
동	피	부	기	진	기	관	캠	그	임	관	얼	굴	캠	야	츠
이	술	다	이	편	독	츠	술	가	구	마	캠	활	마	동	술
춤	손	투	공	여	예	원	기	마	도	춤	법	봉	여	스	식
낚	구	독	야	그	킹	권	농	휴	도	법	활	예	공	코	그
기	포	동	농	무	핑	심	구	손	편	휴	캠	투	여	게	하
시	캠	공	뼘	릎	공	수	공	킹	가	기	여	킹	시	캠	심
관	진	원	법	입	심	법	법	즐	재	락	그	식	심	귀	원
입	팔	꿈	치	술	가	권	포	진	스	휴	뼘	그	캠	다	심
렵	다	봉	편	킹	게	그	기	츠	렵	마	핑	춤	피	리	머
봉	물	도	퍼	서	마	하	진	야	휴	도	기	렵	재	야	여
물	심	스	수	게	야	법	림	턱	뼈	예	임	여	원	발	구
야	동	서	편	재	캠	공	서	심	핑	구	캠	재	재	목	여
뇌	임	독	재	어	깨	투	편	장	퍼	춤	편	권	즐	휴	권

발목   무릎
팔꿈치   다리
얼굴   입술
손가락   어깨
머리   피부
심장

52 - Musical Instruments

플 여 서 오 임 첼 트 타 기 동 예 봉 재 게 편 재
루 휴 렵 춤 보 로 럼 악 여 츠 쁨 야 캠 캠 즐 포
트 식 도 심 휴 에 펫 기 수 편 춤 물 동 렵 포 활
하 포 그 하 활 동 만 그 심 그 예 퍼 쁨 물 스 쁨
프 도 서 킹 다 포 돌 재 식 림 즐 쁨 포 바 이 재
심 쁨 휴 사 편 구 린 수 킹 구 진 기 츠 가 순 트
퍼 공 휴 예 편 권 올 구 퍼 렵 사 춤 동 마 캠 롬
색 소 폰 임 하 포 이 기 낚 서 식 활 구 렵 원 본
게 그 가 렵 낚 춤 바 퍼 공 렵 공 쁨 스 림 게 야
관 예 동 원 술 심 구 포 밴 조 피 아 노 도 동 캠
투 여 공 서 쁨 임 심 츠 게 사 사 킹 낚 하 여 구
낚 구 진 탬 버 린 편 이 편 하 렵 쁨 투 퍼 휴 포
클 라 리 넷 킹 즐 심 수 예 낚 게 다 마 술 여 사
편 즐 다 가 권 봉 포 차 임 투 공 가 휴 림 징 권
마 진 식 그 게 식 도 즐 림 기 활 구 독 동 바 다
핑 도 하 구 그 편 시 활 진 편 식 심 포 북 예 즐

밴조	마림바
바순	오보에
첼로	타악기
차임	피아노
클라리넷	색소폰
플루트	탬버린
기타	트롬본
하프	트럼펫
만돌린	바이올린

53 - Fruit

술 서 공 츠 낚 예 동 하 구 그 렵 독 휴 그 심 포
게 무 핑 츠 식 스 수 이 포 바 아 구 츠 즐 투 서
사 화 임 원 마 게 츠 그 가 나 수 천 도 복 숭 아
과 과 마 구 포 임 킹 춤 렵 나 킹 서 카 예 렵 림
라 림 예 법 다 도 그 임 하 물 이 다 보 여 키 공
즈 이 포 동 퍼 캠 공 포 게 핑 캠 수 아 이 임 위
베 뺌 도 물 즐 다 다 예 식 렵 사 춤 공 독 마 예
리 수 킹 게 야 임 농 관 예 활 공 망 퍼 원 진 원
춤 마 배 법 식 원 식 물 도 그 이 여 고 낚 임 예
서 춤 야 살 권 그 활 야 법 야 포 춤 예 관 포 법
물 림 킹 구 서 마 마 파 게 야 기 렵 여 서 퍼 임
휴 농 편 캠 즐 원 체 파 인 애 플 레 몬 관 츠 임
서 즐 진 서 원 뺌 리 베 관 퍼 복 야 구 구 뺌 다
투 서 퍼 독 코 구 스 법 그 가 숭 봉 렵 이 춤 구
서 캠 퍼 술 코 춤 림 렵 진 동 아 농 식 투 원 원
퍼 진 스 휴 넛 멜 론 진 식 투 독 관 다 렵 그 렵

사과	키위
살구	레몬
아보카도	망고
바나나	멜론
베리	천도 복숭아
체리	파파야
코코넛	복숭아
무화과	파인애플
포도	라즈베리
구아바	

54 - Engineering

휴	진	춤	레	버	예	구	도	표	이	각	술	추	사	이	사
투	사	재	농	기	시	가	진	동	하	도	낚	관	진	물	술
축	즐	핑	산	계	투	임	쁨	사	이	사	퍼	임	엔	디	젤
쁨	게	수	편	림	야	킹	농	여	측	물	츠	투	휴	원	수
술	휴	시	에	원	하	쁨	도	이	성	정	안	다	물	동	권
핑	권	다	너	다	활	킹	낚	춤	서	츠	핑	동	공	투	임
구	활	휴	지	독	수	서	구	액	체	동	분	퍼	예	춤	심
림	그	구	수	투	법	권	원	투	가	물	츠	포	퍼	림	도
진	휴	퍼	낚	예	킹	편	시	이	원	서	독	게	낚	구	킹
야	포	구	진	진	봉	법	예	가	시	서	하	사	그	츠	캠
휴	기	킹	이	활	농	동	도	춤	렵	기	도	임	스	서	핑
건	설	캠	낚	그	동	휴	다	마	식	게	림	즐	농	림	춤
식	서	모	터	관	즐	투	진	포	기	킹	투	봉	스	물	임
시	편	츠	쁨	여	쁨	게	임	구	조	다	포	킹	식	공	법
깊	도	편	임	예	마	다	림	구	서	그	츠	공	기	지	름
이	임	편	츠	진	게	구	법	하	진	식	독	캠	어	물	농

각도
계산
건설
깊이
도표
지름
디젤
분포
에너지
엔진

기어
레버
액체
기계
측정
모터
추진
안정성
구조

55 - Kitchen

동	기	그	포	그	진	술	기	심	농	수	그	기	편	즐	마
투	도	야	크	권	릴	가	캠	하	물	동	농	동	도	마	원
임	독	그	활	게	관	림	예	뽐	동	편	동	스	그	마	수
편	물	예	뽐	렵	사	물	원	휴	물	임	림	술	술	림	국
마	예	칼	춤	즐	술	다	기	게	수	농	포	편	포	마	자
물	게	독	권	즐	마	진	다	포	구	봉	하	킹	원	휴	공
활	마	레	캠	여	농	농	즐	포	구	수	봉	임	재	서	가
다	술	휴	시	숲	가	락	킹	원	법	기	향	구	예	다	법
원	원	츠	렵	피	냉	동	고	냅	스	즐	신	심	물	게	구
렵	심	심	진	법	마	포	동	킨	관	편	료	독	렵	시	공
앞	치	마	오	사	스	퍼	그	권	마	진	지	관	진	농	여
심	퍼	편	븐	냉	다	림	기	사	식	주	림	봉	춤	진	게
낚	식	서	퍼	장	술	항	그	사	뽐	전	수	공	스	동	퍼
공	물	음	식	고	권	아	술	법	휴	자	그	룻	여	구	시
포	핑	츠	물	서	이	리	젓	가	락	림	기	킹	하	컵	원
물	심	낚	식	농	식	캠	법	스	핑	그	술	권	야	가	투

앞치마	국자
그릇	냅킨
젓가락	오븐
음식	레시피
포크	냉장고
냉동고	향신료
그릴	스펀지
항아리	숟가락
주전자	

56 - Government

동	임	임	츠	정	수	사	예	캠	캠	이	마	투	춤	평	평
정	헌	법	서	치	독	봉	그	예	수	지	구	킹	가	화	등
권	의	사	재	사	진	츠	캠	권	수	츠	서	킹	시	로	구
농	주	진	츠	사	편	포	예	투	재	공	휴	법	이	운	시
도	주	예	여	농	렵	서	게	핑	물	봉	하	시	물	연	설
렵	민	낚	독	시	그	게	식	원	봉	예	권	민	춤	퍼	여
게	법	춤	뽐	뽐	핑	림	포	포	임	심	재	권	투	여	즐
포	춤	캠	공	투	마	농	원	술	림	그	휴	캠	심	투	낚
수	원	츠	마	퍼	구	재	낚	시	야	가	킹	가	봉	식	임
국	가	킹	그	투	투	야	활	독	투	하	이	그	핑	도	수
마	여	야	캠	핑	그	예	권	활	농	렵	야	시	민	권	도
활	술	휴	봉	봉	수	편	마	편	다	하	킹	그	구	원	관
렵	서	핑	츠	지	관	동	자	유	편	기	물	징	서	독	게
공	관	법	동	술	도	활	캠	술	토	론	념	상	태	립	투
뽐	그	휴	원	식	야	자	활	캠	구	재	휴	물	다	시	독
뽐	진	술	스	도	서	다	시	이	핑	술	시	핑	투	사	관

시민권
시민
헌법
민주주의
토론
지구
평등
독립
사법
정의

지도자
자유
기념물
국가
평화로운
정치
연설
상태
상징

57 - Art Supplies

츠 수 스 물 재 어 킹 진 이 시 심 즐 여 법 봉 즐
춤 관 편 이 구 공 디 종 츠 동 캠 관 원 서 사 편
숯 가 킹 구 게 진 봉 이 도 재 진 재 캠 심 이 포
관 동 표 퍼 활 원 잉 춤 아 투 도 하 게 퍼 퍼 활
이 식 도 그 진 낚 크 츠 독 도 재 하 지 우 개 농
다 술 관 재 연 기 원 마 스 동 퍼 동 독 원 여 원
여 심 캠 즐 필 법 구 봉 재 동 마 점 토 원 성 여
게 편 공 이 원 심 접 착 제 핑 하 법 술 킹 의 자
뽐 권 용 춤 포 투 기 서 심 킹 공 구 사 수 창 동
도 서 레 활 시 스 수 이 심 재 이 사 야 관 재 킹
기 아 크 릴 낚 게 서 츠 핑 사 서 심 핑 스 춤 이
공 름 권 수 이 활 봉 원 춤 퍼 핑 핑 독 색 상 하
동 화 가 원 낚 포 편 도 원 권 핑 춤 농 물 시 그
하 채 기 렵 렵 권 렵 즐 동 낚 물 물 다 브 심 핑
공 수 기 뽐 예 공 활 진 캠 춤 림 법 뽐 러 휴 야
수 캠 봉 사 도 여 그 술 재 카 메 라 수 쉬 공 독

아크릴	지우개
브러쉬	접착제
카메라	아이디어
의자	잉크
점토	기름
색상	종이
크레용	연필
창의성	수채화
화가	

58 - Science Fiction

캠	림	수	책	동	사	물	도	동	다	이	림	농	여	식	농
시	유	뽐	농	관	다	재	즐	도	야	농	휴	서	동	가	임
기	로	토	봉	포	캠	시	식	구	낚	술	마	서	스	동	원
법	봇	시	피	그	미	재	핑	서	구	킹	야	퍼	마	관	여
물	예	뽐	독	아	래	핑	그	식	퍼	폭	휴	핑	편	진	낚
이	은	하	원	자	가	킹	츠	환	하	권	발	뽐	스	관	서
게	농	투	휴	킹	클	킹	구	상	신	시	법	봉	이	물	캠
권	봉	퍼	이	하	론	디	진	적	비	재	공	예	게	야	물
편	활	동	사	그	독	뽐	스	인	한	도	심	편	재	도	재
물	렵	스	야	야	식	츠	스	토	편	렵	캠	술	퍼	심	임
진	술	도	서	세	핑	이	야	킹	피	야	식	다	예	뽐	관
퍼	법	활	림	계	가	봉	원	권	임	아	임	편	동	기	다
뽐	투	봉	야	킹	사	영	오	마	행	성	재	수	캠	동	가
림	캠	권	질	물	학	화	라	상	환	예	야	퍼	기	임	물
식	스	캠	동	낚	림	다	클	상	기	관	츠	이	술	캠	불
퍼	야	뽐	구	투	예	재	임	의	츠	야	시	투	그	활	원

원자	환상
화학 물질	상상의
영화	신비한
클론	오라클
디스토피아	행성
폭발	로봇
환상적인	기술
미래	유토피아
은하	세계

59 - Geometry

다	여	술	권	그	야	렵	편	여	서	분	곡	선	질	하	야
사	관	동	뽐	도	도	심	그	츠	하	야	절	관	량	재	공
게	진	도	투	가	술	퍼	봉	시	투	이	츠	야	다	권	편
뽐	법	사	여	봉	원	독	농	권	핑	심	핑	즐	독	진	원
낚	편	퍼	휴	수	가	원	뽐	게	진	낚	캠	렵	임	시	심
진	물	술	관	지	투	킹	킹	투	야	원	방	춤	활	편	게
진	예	여	심	름	캠	독	여	수	시	도	춤	정	하	휴	하
비	임	핑	뽐	림	독	츠	활	표	면	여	원	도	식	임	이
율	포	공	독	츠	낚	여	봉	편	술	여	독	퍼	킹	법	서
핑	사	렵	물	도	게	동	도	구	임	림	킹	림	행	중	게
삼	각	형	공	츠	관	논	춤	식	키	포	이	수	평	앙	수
기	수	구	즐	물	킹	리	뽐	휴	렵	다	론	하	시	값	공
권	핑	야	뽐	춤	핑	봉	동	재	뽐	술	낚	원	임	가	술
수	마	그	퍼	대	사	편	핑	편	식	기	야	심	수	치	수
그	원	킹	예	칭	물	원	캠	각	도	투	서	활	계	즐	동
이	스	즐	킹	마	게	도	낚	공	동	여	서	법	서	산	수

각도
계산
곡선
지름
치수
방정식
수평
논리
질량

중앙값
평행
비율
분절
표면
대칭
이론
삼각형

60 - Creativity

활 권 동 자 다 즐 림 다 극 퍼 선 하 물 법 수 여
포 츠 그 활 발 여 식 예 적 기 명 발 관 킹 핑 임
츠 킹 서 확 렵 적 비 전 인 식 도 가 핑 식 농 춤
식 임 관 포 실 독 인 캠 물 술 하 퍼 마 동 즐 휴
뻠 낚 다 가 그 성 재 재 기 기 권 휴 봉 원 하 수
식 심 휴 심 킹 동 핑 뻠 낚 춤 휴 서 퍼 동 도 뻠
그 게 시 림 핑 유 낚 가 인 림 게 춤 적 관 공 진
사 예 구 재 시 이 마 력 상 상 하 기 술 휴 기 감
관 즐 활 다 스 휴 스 활 영 공 강 식 예 그 다 정
심 그 기 즐 시 춤 하 스 법 원 렬 농 농 캠 휴 캠
포 농 가 서 진 관 재 림 봉 츠 함 핑 시 퍼 봉 심
활 술 진 술 활 그 하 예 다 공 임 물 임 심 물 휴
권 임 재 구 구 뻠 동 권 기 술 투 영 감 스 봉 예
투 술 활 춤 임 직 수 렵 물 서 마 림 스 감 각 가
아 이 디 어 진 렵 관 구 림 시 관 공 공 권 야 야
여 관 진 뻠 다 사 림 물 이 야 낚 술 편 핑 춤 예

예술적　　　　　　　　영감
확실성　　　　　　　　강렬함
선명도　　　　　　　　직관
극적인　　　　　　　　발명
감정　　　　　　　　　감각
유동성　　　　　　　　기술
아이디어　　　　　　　자발적인
영상　　　　　　　　　비전
상상력　　　　　　　　활력
인상

61 - Airplanes

포	투	사	진	츠	서	이	술	독	핑	춤	연	승	분	진	심
승	무	원	권	렵	활	활	동	그	독	서	료	활	객	위	여
기	춤	물	권	동	퍼	법	관	즐	킹	엔	진	관	조	다	기
고	도	늘	가	하	원	관	농	독	가	구	물	하	종	춤	공
심	림	하	강	쁨	임	심	난	임	권	그	물	스	사	수	가
식	편	편	재	하	권	시	기	독	물	이	동	투	역	소	츠
휴	식	퍼	술	다	원	도	류	활	관	활	캠	관	관	편	공
설	계	공	휴	휴	구	춤	다	가	봉	권	춤	편	그	독	휴
스	포	렵	술	재	가	기	림	프	수	그	게	휴	여	사	편
관	사	야	마	핑	착	림	독	로	법	공	봉	츠	원	권	독
여	림	즐	관	하	륙	그	춤	펠	독	식	림	권	마	그	사
시	독	사	마	도	심	진	서	러	법	키	동	쁨	낚	예	킹
임	재	농	임	퍼	츠	츠	다	마	관	게	츠	하	퍼	풍	쁨
수	림	그	동	킹	수	사	사	렵	낚	림	공	서	동	퍼	선
서	예	편	스	여	투	모	쁨	서	포	즐	법	게	건	시	동
킹	임	예	농	도	게	험	여	도	공	봉	투	봉	설	심	림

모험	연료
공기	역사
고도	수소
분위기	착륙
풍선	승객
건설	조종사
승무원	프로펠러
하강	하늘
설계	난기류
엔진	

62 - Ocean

즐	시	서	뿜	가	조	공	해	야	휴	독	츠	물	독	여	하
고	봉	휴	게	사	수	수	초	하	수	핑	야	농	다	사	림
래	이	편	수	뿜	사	술	암	활	수	야	가	관	수	춤	식
진	활	이	활	서	농	여	술	포	원	공	서	굴	재	휴	참
거	북	이	술	이	재	뿜	도	폭	림	술	게	킹	심	임	치
동	도	물	농	물	고	기	상	풍	농	하	스	핑	시	가	휴
캠	술	구	하	산	호	여	어	소	금	도	퍼	진	도	마	퍼
조	봉	원	서	진	즐	서	장	원	림	낚	이	기	핑	다	기
여	류	법	즐	진	사	핑	그	킹	돌	고	래	활	림	즐	츠
해	파	리	심	술	여	새	우	농	독	킹	서	렵	이	게	게
수	림	예	스	술	수	물	사	법	농	기	활	스	림	다	활
퍼	물	공	마	임	춤	야	봉	수	뿜	예	임	펀	림	수	렵
기	렵	원	문	킹	렵	활	킹	원	권	다	림	지	춤	춤	권
식	술	구	어	권	독	뿜	하	임	재	다	캠	편	식	재	시
가	도	야	도	시	이	이	휴	원	뿜	활	렵	게	낚	마	퍼
활	서	포	림	동	시	이	츠	즐	핑	사	림	하	하	구	원

조류
산호
돌고래
장어
물고기
해파리
문어
암초
소금

해초
상어
새우
스펀지
폭풍
조수
참치
거북이
고래

63 - Birds

원	스	관	춤	공	렵	투	백	편	게	시	공	서	부	야	캠
편	츠	도	거	위	그	원	조	까	마	귀	스	예	리	진	춤
사	스	스	이	게	야	수	뿜	원	구	킹	공	작	새	관	뿜
낚	다	오	구	시	낚	춤	심	렵	농	게	물	황	술	뿜	게
마	컨	리	펠	참	봉	여	임	농	퍼	퍼	투	킹	새	킹	핑
식	그	수	야	새	그	츠	봉	진	퍼	식	독	도	뿜	캠	퍼
닭	투	독	게	봉	여	기	관	퍼	림	타	퍼	봉	포	재	퍼
심	독	투	시	퍼	술	공	심	진	가	봉	조	핑	심	츠	펭
농	츠	마	사	춤	사	림	투	여	포	가	즐	농	심	게	권
츠	도	뻐	꾸	기	즐	핑	공	게	투	재	마	편	동	구	하
심	독	활	심	원	앵	마	휴	즐	낚	심	즐	관	예	사	임
예	즐	투	즐	휴	시	무	독	계	사	예	활	원	퍼	권	핑
다	다	공	마	킹	진	식	새	란	포	예	물	사	뿜	마	독
즐	활	즐	동	재	서	즐	봉	물	렵	낚	핑	퍼	헤	이	구
갈	매	기	심	다	포	재	술	시	사	림	츠	봉	론	스	여
카	나	리	아	하	플	라	밍	고	진	법	하	도	퍼	활	서

카나리아	타조
까마귀	앵무새
뻐꾸기	공작
오리	펠리컨
독수리	펭귄
계란	참새
플라밍고	황새
거위	백조
갈매기	부리새
헤론	

64 - Nutrition

비	낚	법	균	형	잡	힌	다	게	게	스	도	렵	핑	칼	발
타	렵	관	림	구	즐	물	이	술	편	원	림	공	서	로	효
민	그	핑	공	휴	재	여	어	하	투	봉	이	캠	림	리	수
가	수	포	관	구	투	캠	트	법	게	서	재	스	식	봉	가
영	건	강	한	츠	건	강	츠	임	쁨	가	퍼	소	독	용	물
양	권	여	예	사	여	사	렵	스	관	하	핑	물	화	수	탄
소	킹	다	진	시	공	단	백	질	식	핑	렵	술	도	게	렵
수	렵	농	킹	진	심	휴	춤	재	심	공	관	동	게	물	구
맛	가	술	게	낚	농	퍼	여	스	구	즐	휴	여	진	춤	핑
관	쓴	휴	공	재	핑	법	예	츠	동	술	공	이	농	츠	게
춤	식	구	킹	낚	포	활	츠	동	사	퍼	츠	예	품	사	구
기	욕	이	그	기	킹	휴	기	구	무	편	심	관	질	심	포
식	림	봉	관	그	권	즐	법	포	게	춤	사	킹	핑	가	독
독	공	시	편	즐	포	봉	킹	림	퍼	습	술	공	진	원	가
농	봉	물	춤	도	여	진	이	킹	낚	관	독	관	재	공	춤
킹	원	원	구	시	킹	시	권	즐	다	투	원	원	독	권	봉

식욕	건강
균형 잡힌	건강한
칼로리	영양소
탄수화물	단백질
다이어트	품질
소화	소스
식용	독소
발효	비타민
습관	무게

65 - Hiking

피	곤	한	퍼	공	낚	무	돌	낚	동	재	봉	그	스	렵	림
캠	핑	투	구	캠	편	킹	거	임	투	물	기	춤	포	도	마
공	가	서	춤	농	츠	농	재	운	마	임	도	휴	수	임	시
림	그	기	권	낚	도	츠	기	심	법	낚	공	동	하	퍼	야
심	물	활	준	춤	활	퍼	물	뺌	츠	퍼	원	가	이	드	구
그	핑	서	비	스	킹	도	핑	야	동	심	핑	법	구	농	편
원	포	수	기	식	포	뺌	공	생	술	스	기	휴	시	게	마
공	구	식	하	하	법	봉	야	림	게	핑	권	임	하	스	츠
그	핑	독	휴	스	물	예	활	도	스	원	기	사	여	구	낭
정	위	게	림	구	부	츠	포	법	하	낚	후	휴	뺌	뺌	떠
야	물	산	권	식	사	태	양	즐	야	사	츠	재	권	도	러
퍼	여	여	즐	활	야	퍼	편	동	서	공	수	다	렵	도	지
뺌	낚	도	독	활	자	뺌	예	야	밋	편	봉	이	츠	렵	술
심	권	스	그	퍼	연	권	공	구	편	심	스	원	하	핑	게
기	식	예	투	사	휴	법	재	즐	츠	공	포	시	임	뺌	낚
봉	퍼	하	이	가	시	림	퍼	동	임	휴	서	독	위	험	야

동물   자연
부츠   정위
캠핑   공원
낭떠러지   준비
기후   서밋
가이드   태양
위험   피곤한
무거운   야생
지도

66 - Professions #1

선	원	야	간	호	사	심	리	학	자	학	문	천	임	뾈	가
원	퍼	낚	기	피	단	츠	이	법	원	마	봉	공	봉	휴	수
지	식	기	그	아	재	여	구	임	스	츠	퍼	핑	다	시	임
예	도	퍼	포	니	물	시	독	캠	배	관	공	진	포	원	츠
의	사	제	서	스	편	술	식	활	원	퍼	마	변	호	사	춤
서	대	재	작	트	사	지	질	학	자	재	마	편	킹	의	편
퍼	심	다	도	자	뾈	냥	퍼	핑	편	림	퍼	관	농	수	도
즐	휴	구	심	집	퍼	휴	꾼	가	기	캠	츠	사	심	여	캠
가	수	코	츠	편	수	활	야	하	관	게	포	춤	임	캠	관
낚	게	치	렵	야	서	사	물	다	츠	사	포	즐	스	봉	기
마	진	즐	보	시	기	림	예	독	수	렵	캠	스	수	법	캠
임	은	물	석	즐	예	물	포	법	마	퍼	캠	진	마	물	물
가	수	행	상	핑	여	휴	즐	하	여	캠	편	재	핑	마	활
그	즐	진	가	공	물	봉	시	심	활	독	관	식	투	핑	동
공	댄	서	악	동	캠	뾈	원	스	동	다	렵	림	스	재	식
사	원	수	음	관	렵	마	투	투	물	물	핑	뾈	하	도	킹

대사	사냥꾼
천문학자	보석상
변호사	음악가
은행가	간호사
지도 제작자	피아니스트
코치	배관공
댄서	심리학자
의사	선원
편집자	재단사
지질학자	수의사

67 - Barbecues

서	관	스	법	진	임	렵	도	활	원	원	게	춤	하	활	렵
식	포	재	킹	식	렵	심	춤	식	도	예	농	임	뿜	농	물
저	녁	식	사	기	핑	여	춤	가	족	물	츠	기	진	독	수
마	여	권	낚	뿜	하	과	스	진	마	관	공	게	독	관	투
퍼	여	식	마	공	사	포	일	렵	킹	재	진	핑	봉	샐	포
구	토	름	구	임	시	진	물	포	포	닭	농	게	진	러	편
스	마	예	뿜	공	림	수	사	렵	도	크	스	시	식	드	도
공	토	여	이	여	춤	낚	춤	친	진	림	소	채	여	다	퍼
술	공	농	기	하	마	캠	여	구	낚	핑	금	이	킹	시	임
서	여	낚	서	독	퍼	공	봉	뜨	도	서	이	투	독	휴	캠
활	츠	그	릴	관	공	다	법	거	편	심	재	도	굶	주	림
림	공	킹	구	캠	시	다	이	운	농	편	어	즐	사	포	휴
수	그	재	캠	게	수	칼	이	봉	이	사	린	낚	게	구	시
게	즐	이	핑	심	기	춤	법	스	구	동	이	그	킹	즐	식
수	관	술	활	기	재	편	게	서	심	시	물	악	재	식	스
구	휴	포	하	봉	핑	임	임	춤	술	활	게	음	식	술	재

어린이	뜨거운
저녁 식사	굶주림
가족	음악
음식	샐러드
포크	소금
친구	소스
과일	여름
게임	토마토
그릴	채소

68 - Chocolate

칼	로	리	포	춤	캠	임	좋	관	그	이	서	그	마	사	림
퍼	서	휴	카	카	오	시	아	도	림	캠	물	쓴	동	탕	마
법	구	편	게	핑	봉	농	하	술	편	식	농	코	사	여	권
하	공	츠	임	원	예	법	는	권	그	캠	즐	코	시	임	가
편	시	수	관	식	핑	가	킹	임	술	활	킹	넛	서	관	예
예	서	쁨	하	하	봉	루	농	권	즐	스	시	구	다	림	렵
관	법	츠	진	편	시	원	물	그	땅	기	사	캐	기	동	마
츠	구	법	휴	편	포	스	사	사	농	콩	편	러	그	여	마
마	맛	낚	츠	품	핑	휴	야	임	가	물	춤	멜	농	구	츠
이	예	있	쁨	질	츠	낚	야	물	스	구	퍼	설	춤	그	서
법	투	공	는	농	춤	갈	망	야	서	휴	농	탕	관	휴	수
야	춤	이	달	콤	한	심	물	심	봉	마	투	법	킹	휴	캠
하	장	인	성	분	퍼	동	퍼	레	시	피	항	진	마	독	마
활	렵	적	하	관	마	다	캠	시	공	렵	서	산	야	그	하
서	낚	국	물	물	하	수	동	식	활	퍼	관	츠	화	야	게
즐	핑	이	렵	츠	동	봉	야	재	동	동	권	사	식	제	수

항산화제	이국적인
장인	좋아하는
카카오	성분
칼로리	땅콩
사탕	가루
캐러멜	품질
코코넛	레시피
갈망	설탕
맛있는	달콤한

69 - Vegetables

편	다	편	츠	오	이	원	휴	수	사	독	완	순	무	그	다
원	농	핑	하	마	퍼	츠	게	사	렵	심	두	농	독	핑	스
물	샬	법	낚	무	활	예	뽐	활	가	뽐	콩	활	서	다	독
즐	롯	츠	샐	즐	뽐	식	다	활	진	가	활	기	농	기	법
양	파	뽐	러	춤	동	캠	독	재	사	이	봉	임	독	물	수
원	물	사	드	하	재	즐	낚	마	법	뽐	휴	낚	독	핑	원
투	법	그	핑	가	공	렵	수	술	토	늘	권	활	시	킹	사
아	티	초	크	시	핑	브	로	콜	리	마	여	권	킹	퍼	식
공	핑	휴	스	원	금	버	섯	물	슬	활	토	예	마	이	츠
다	서	춤	킹	이	즐	치	기	투	파	가	지	게	야	공	봉
킹	식	가	츠	예	여	낚	봉	포	캠	킹	예	야	생	강	식
서	스	동	예	원	스	수	핑	동	여	춤	도	식	재	수	렵
물	츠	활	하	물	캠	휴	진	호	셀	구	기	수	여	당	동
농	편	동	편	마	권	재	농	박	러	예	기	이	여	임	근
휴	동	독	동	독	심	워	라	플	리	콜	가	마	술	편	예
기	수	퍼	핑	편	시	기	가	포	캠	도	캠	공	퍼	하	스

아티초크	양파
브로콜리	파슬리
당근	완두콩
콜리플라워	호박
셀러리	샐러드
오이	샬롯
가지	시금치
마늘	토마토
생강	순무
버섯	

70 - The Media

마	여	낚	수	회	지	미	이	원	퍼	퍼	뽐	재	림	가	시
포	포	투	렵	식	로	적	구	편	스	츠	사	림	술	렵	야
원	포	법	츠	사	권	망	인	공	공	의	공	서	봉	의	야
마	휴	시	휴	기	킹	식	라	수	퍼	구	킹	다	마	견	그
권	권	활	휴	산	핑	도	온	구	림	투	렵	편	봉	공	구
낚	그	판	핑	업	공	캠	핑	스	활	통	독	퍼	게	그	뽐
원	권	물	진	원	사	실	렵	다	문	신	개	인	농	물	농
심	뽐	독	다	권	오	디	라	재	스	수	스	시	츠	낚	예
포	시	농	물	독	농	지	임	수	그	법	물	퍼	술	마	휴
낚	물	공	다	독	술	털	퍼	여	수	핑	야	게	야	렵	관
관	식	핑	스	술	로	사	수	구	이	다	게	술	포	공	하
수	수	하	핑	춤	컬	자	금	조	달	잡	관	캠	츠	물	마
낚	독	진	관	봉	서	렵	다	낚	춤	지	퍼	진	식	구	렵
포	그	포	활	마	활	스	렵	캠	서	그	농	봉	시	활	킹
구	술	수	물	즐	서	법	태	여	하	포	기	광	고	퍼	투
술	서	림	관	서	킹	봉	게	도	츠	권	마	수	교	육	렵

태도
광고
통신
디지털
교육
사실
자금 조달
이미지
개인
산업

지적인
로컬
잡지
회로망
신문
온라인
의견
공공의
라디오

71 - Boats

원	캠	재	가	낚	서	츠	독	술	공	낚	이	독	예	물	기
원	다	춤	야	가	기	가	야	다	그	권	술	사	투	심	예
엔	해	사	시	닻	휴	진	술	츠	독	뽐	즐	구	킹	츠	츠
진	상	마	뗏	목	술	낚	낚	관	독	사	게	스	심	야	식
구	명	정	나	룻	배	낚	봉	농	호	수	임	예	여	휴	승
임	동	식	예	렵	츠	동	관	하	가	시	림	돛	킹	술	무
활	여	농	카	식	물	캠	하	투	야	림	봉	강	대	포	원
봉	편	핑	누	식	편	림	물	림	뽐	포	휴	마	스	킹	선
수	수	춤	독	기	스	진	춤	춤	렵	활	물	퍼	편	가	원
공	시	이	마	캠	진	킹	마	핑	기	공	휴	권	낚	서	편
권	춤	독	농	스	낚	권	다	하	퍼	이	서	식	투	야	활
핑	사	독	그	게	킹	원	서	동	기	기	다	독	스	시	투
술	림	마	법	독	그	사	권	원	킹	임	심	킹	진	휴	예
서	예	퍼	그	바	다	여	낚	임	기	야	대	요	트	투	구
밧	줄	게	법	권	카	약	이	편	여	범	양	킹	예	시	여
부	표	관	킹	마	활	휴	킹	야	핑	선	츠	편	물	야	법

부표	해상
카누	대양
승무원	뗏목
엔진	밧줄
나룻배	범선
카약	선원
호수	바다
구명정	요트
돛대	

72 - Activities and Leisure

뺌	여	공	관	수	가	시	핑	렵	독	퍼	사	서	권	캠	쇼
구	서	물	관	공	봉	휴	진	서	캠	법	림	뺌	퍼	그	핑
법	봉	하	투	퍼	낚	시	서	퍼	휴	사	렵	공	시	야	캠
그	진	휴	심	심	예	술	게	포	독	가	휴	야	농	야	테
츠	심	킹	재	하	농	다	법	심	봉	시	식	츠	공	구	니
식	이	킹	임	이	투	이	동	활	활	수	술	포	캠	축	스
골	춤	이	춤	킹	시	빙	그	캠	수	영	퍼	예	재	취	도
프	식	포	하	물	술	편	술	재	도	렵	독	기	술	예	미
봉	심	원	봉	독	가	하	캠	술	스	임	활	뺌	권	투	휴
다	수	가	마	휴	렵	퍼	원	예	마	물	권	법	사	림	사
봉	경	식	즐	편	뺌	법	핑	서	퍼	도	포	사	이	여	봉
서	동	주	캠	편	투	즐	술	물	술	포	투	이	야	행	권
진	렵	편	서	핑	독	심	공	핑	물	하	공	봉	구	렵	예
퍼	원	퍼	심	뺌	렵	캠	포	재	편	구	도	물	배	츠	재
렵	낚	포	여	관	진	가	심	임	관	여	하	임	렵	물	구
임	핑	츠	동	관	재	게	시	기	임	도	재	농	법	기	권

예술   취미
야구   경주
농구   휴식
권투   쇼핑
캠핑   축구
다이빙   서핑
낚시   수영
원예   테니스
골프   여행
하이킹   배구

73 - Driving

림	즐	츠	림	독	예	퍼	시	낚	법	하	킹	기	야	도	가
편	봉	사	전	운	경	물	림	널	휴	마	다	재	다	게	게
독	원	고	핑	도	찰	공	모	터	낚	심	캠	춤	활	핑	활
포	독	권	핑	교	통	임	심	동	스	핑	편	핑	핑	식	스
수	관	핑	즐	브	핑	림	마	야	권	권	도	편	공	공	원
보	스	농	여	레	관	봉	진	츠	재	물	휴	사	투	심	춤
이	행	낚	다	이	차	수	킹	포	동	다	물	권	마	마	투
휴	활	자	투	크	재	원	야	진	임	마	진	독	투	임	물
오	연	료	림	술	농	뿜	술	공	트	가	스	휴	퍼	식	예
예	토	스	이	임	포	여	법	츠	럭	이	기	공	재	여	투
낚	도	바	봉	구	차	재	림	이	관	핑	심	물	관	마	킹
구	로	위	이	심	고	임	핑	원	츠	즐	사	진	렵	심	동
속	도	지	험	핑	포	퍼	술	수	식	특	춤	투	가	마	킹
스	야	게	스	휴	식	야	식	여	투	허	임	투	구	사	핑
그	진	하	휴	가	물	법	휴	가	편	즐	여	핑	퍼	임	법
봉	안	전	심	핑	심	낚	동	캠	권	뿜	즐	진	농	캠	포

사고	오토바이
브레이크	보행자
위험	경찰
운전사	도로
연료	안전
차고	속도
가스	교통
특허	트럭
지도	터널
모터	

74 - Biology

진	이	춤	농	예	기	뿜	파	마	이	관	춤	다	킹	신	경
임	임	농	공	도	퍼	스	충	스	스	킹	킹	투	해	부	가
법	기	공	재	기	투	림	류	유	포	진	화	식	공	그	재
야	이	동	수	즐	동	춤	기	여	삼	돌	연	변	이	수	공
관	가	서	춤	기	도	기	독	휴	투	투	포	권	술	예	생
뉴	런	활	심	가	서	시	편	그	도	퍼	춤	원	봉	기	마
공	봉	춤	셀	즐	마	낚	춤	춤	심	염	기	활	츠	농	핑
시	냅	스	심	진	권	농	즐	구	킹	킹	색	단	백	질	그
사	물	동	재	하	봉	진	구	스	여	공	림	체	권	봉	낚
물	편	권	포	박	활	포	서	킹	마	가	독	도	시	수	공
독	시	스	하	휴	테	임	여	관	야	렵	효	재	서	시	사
재	광	가	물	식	식	리	여	원	콜	권	소	여	킹	즐	퍼
공	법	합	킹	그	호	독	아	심	라	진	즐	휴	권	휴	퍼
핑	농	다	성	핑	르	핑	마	배	겐	자	연	스	러	운	게
예	그	야	독	다	몬	하	수	아	편	포	야	휴	서	마	림
핑	예	농	핑	수	기	심	춤	가	퍼	포	서	식	독	포	가

해부
박테리아
염색체
콜라겐
배아
효소
진화
호르몬
포유류
돌연변이

자연스러운
신경
뉴런
삼투
광합성
단백질
파충류
공생
시냅스

75 - Professions #2

휴	원	여	관	사	이	게	술	츠	이	캠	권	포	하	즐	뽐
재	농	즐	예	야	식	스	퍼	그	스	임	권	구	구	포	임
권	마	하	생	구	기	즐	캠	퍼	물	공	가	구	발	편	츠
뽐	게	림	물	철	학	자	기	재	이	권	관	수	명	렵	일
투	사	봉	학	언	어	학	자	학	물	동	스	진	자	캠	러
원	즐	투	자	물	스	니	활	수	활	식	동	도	야	화	스
정	동	뽐	식	하	농	임	지	퍼	시	동	관	공	기	가	트
구	원	포	술	낚	이	마	스	엔	츠	여	기	시	편	법	레
여	서	사	형	술	포	킹	게	재	휴	게	캠	수	즐	림	이
즐	여	의	행	림	춤	심	동	츠	그	수	법	투	사	낚	터
독	선	과	하	비	게	게	농	부	편	사	여	수	휴	여	술
스	생	치	츠	봉	주	진	심	사	포	마	구	술	진	동	원
독	님	핑	술	킹	야	우	시	의	농	뽐	사	의	과	외	물
춤	마	법	그	다	기	농	임	사	원	권	진	활	권	수	마
게	이	낚	농	즐	물	가	림	종	예	원	작	권	가	렵	봉
춤	편	그	그	투	관	서	이	조	캠	스	가	편	임	진	즐

우주 비행사	사서
생물학자	언어학자
치과 의사	화가
형사	철학자
엔지니어	사진 작가
농부	의사
정원사	조종사
일러스트레이터	외과 의사
발명자	선생님
기자	동물학자

76 - Mythology

서	춤	활	츠	포	술	츠	창	퍼	게	게	하	포	춤	물	투
관	하	마	천	권	기	농	조	기	스	투	구	하	미	질	투
이	동	공	둥	휴	전	설	활	이	진	퍼	서	캠	궁	임	공
포	원	시	포	즐	물	기	편	독	킹	가	즐	독	휴	시	봉
휴	예	수	동	권	진	킹	포	법	물	게	투	가	독	독	농
재	해	춤	공	뽐	즐	편	도	권	관	렵	하	림	법	편	킹
동	원	예	식	구	기	독	시	불	사	전	시	하	농	렵	킹
임	원	뽐	춤	임	진	림	그	진	가	관	문	퍼	춤	힘	힘
투	즐	여	활	수	수	예	영	웅	사	권	츠	가	림	림	도
게	권	복	권	심	식	도	재	독	예	생	물	즐	수	마	사
원	형	수	념	행	투	츠	물	춤	기	사	원	여	휴	기	독
원	술	활	신	시	동	봉	이	식	뽐	뽐	마	관	술	도	독
독	하	츠	물	포	다	공	퍼	농	관	임	투	봉	원	구	수
술	번	물	물	임	공	낚	핑	진	구	봉	구	즐	즐	구	술
하	봉	개	편	구	공	관	괴	동	구	천	마	진	림	즐	뽐
투	포	가	법	림	킹	야	물	구	춤	국	사	림	그	게	하

원형	불사
행동	질투
신념	미궁
창조	전설
생물	번개
문화	괴물
재해	복수
천국	천둥
영웅	전사

77 - Agronomy

마	뽐	농	서	그	씨	예	림	시	하	농	업	휴	낚	스	구
킹	진	활	원	게	투	앗	동	이	킹	활	킹	츠	야	법	낚
물	진	야	부	킹	술	춤	기	공	시	하	도	활	퍼	농	촌
서	기	기	식	사	휴	수	서	관	동	예	임	활	춤	동
시	기	기	츠	채	퍼	림	심	술	관	편	그	퍼	하	시	심
서	낚	게	이	소	질	이	뽐	즐	진	그	유	기	농	법	낚
낚	공	춤	재	도	병	진	활	술	농	식	그	환	경	뽐	연
과	학	게	렵	도	수	동	원	다	게	퍼	물	에	너	지	구
물	낚	뽐	독	권	활	독	포	관	마	캠	도	렵	가	사	하
물	진	시	렵	권	퍼	오	염	퍼	원	포	도	권	츠	게	권
기	성	장	스	편	술	렵	츠	서	다	가	물	스	핑	츠	춤
임	편	마	림	템	비	료	츠	음	퍼	핑	산	생	림	뽐	뽐
원	다	식	구	재	기	다	음	춤	마	구	휴	태	핑	편	휴
가	식	사	식	활	휴	하	식	핑	법	물	봉	학	수	법	핑
동	법	츠	캠	식	투	도	츠	권	핑	즐	스	포	구	관	임
여	관	핑	봉	관	핑	원	킹	림	야	관	낚	여	킹	예	여

농업   식물
질병   오염
생태학   생산
에너지   농촌
환경   과학
부식   씨앗
비료   연구
음식   시스템
성장   채소
유기농

78 - Hair Types

야	핑	빛	식	매	기	림	진	법	즐	퍼	동	농	공	그	이
다	독	나	식	끄	서	권	법	마	캠	법	시	퍼	물	여	긴
독	농	는	띠	러	곱	슬	관	스	야	가	기	임	법	독	진
스	대	머	리	운	식	권	낚	다	공	식	캠	동	투	하	물
야	서	임	머	권	봉	포	그	림	권	예	예	스	식	킹	시
캠	금	뿜	농	캠	여	다	낚	구	시	림	수	캠	사	편	기
편	마	발	편	여	가	예	퍼	법	스	심	투	공	기	서	퍼
공	사	즐	하	농	서	사	도	구	꼰	재	물	독	스	캠	관
여	블	랙	얀	재	은	공	춤	수	퍼	진	심	이	봉	도	심
예	예	퍼	가	츠	얇	그	부	낚	마	른	마	편	농	렵	여
즐	갈	게	수	술	뿜	활	드	식	하	술	춤	렵	진	포	투
킹	캠	색	핑	휴	예	츠	러	포	렵	회	색	짧	은	킹	다
원	킹	진	낚	퍼	법	농	운	그	물	뿜	여	예	렵	다	휴
이	캠	스	식	권	휴	핑	뿜	야	임	공	물	즐	봉	두	여
기	렵	구	수	렵	수	편	술	술	도	건	강	한	게	꺼	재
춤	시	마	시	독	핑	활	스	스	동	림	렵	원	낚	운	퍼

대머리	건강한
블랙	빛나는
금발	짧은
머리띠	매끄러운
갈색	부드러운
곱슬	두꺼운
마른	얇은
회색	하얀

79 - Garden

야	이	여	도	기	법	연	즐	활	차	편	이	원	게	야	사
진	독	다	심	서	가	못	게	잔	고	심	다	울	법	식	독
꽃	구	구	다	즐	구	동	휴	디	즐	퍼	나	타	원	구	권
사	다	스	포	테	킹	스	관	림	과	심	무	리	즐	하	시
트	램	폴	린	라	킹	바	그	낚	임	수	봉	마	이	권	킹
구	기	삽	재	스	활	서	위	관	임	물	원	정	게	서	수
재	동	투	서	호	퍼	렵	핑	낚	춤	게	수	게	기	봉	심
부	관	츠	법	츠	낚	투	권	뽐	마	관	캠	스	진	물	춤
시	공	낚	투	권	심	하	림	물	림	물	편	공	재	예	림
편	춤	시	수	활	관	구	수	림	관	스	관	여	렵	기	마
가	독	활	핑	춤	원	퍼	사	공	봉	편	벤	권	사	서	스
낚	그	농	권	야	뽐	원	토	양	편	재	치	게	포	잡	심
진	그	야	도	도	권	권	권	사	식	해	캠	사	시	초	가
재	게	게	농	투	구	포	법	퍼	스	먹	그	사	서	츠	임
하	임	포	킹	츠	도	츠	갈	임	독	렵	활	여	현	재	사
심	마	마	식	사	츠	캠	퀴	임	포	원	농	법	관	캠	야

벤치
부시
울타리
차고
정원
잔디
해먹
호스
과수원

연못
현관
갈퀴
바위
토양
테라스
트램폴린
나무
잡초

80 - Diplomacy

법	가	게	술	춤	관	동	렵	사	술	인	낚	독	뽐	서	동
물	이	권	야	공	마	활	수	공	뽐	도	다	봉	도	진	마
게	즐	스	재	식	예	공	관	기	츠	주	이	치	정	의	원
물	물	동	다	스	렵	야	렵	휴	렵	의	퍼	킹	법	마	춤
도	투	춤	그	농	휴	구	사	여	야	츠	투	농	킹	구	킹
동	스	원	림	야	예	퍼	낚	교	외	여	게	임	휴	츠	활
보	안	법	원	원	권	캠	사	여	국	조	킹	관	가	법	캠
그	예	권	관	투	윤	캠	포	동	의	약	뽐	여	하	농	원
다	킹	다	도	독	리	춤	그	여	관	술	독	투	대	원	하
마	포	서	여	식	동	포	학	토	론	림	그	게	도	원	사
갈	등	시	구	스	관	캠	투	수	즐	핑	예	여	임	뽐	다
협	심	가	무	결	성	핑	휴	수	퍼	다	식	렵	낚	농	활
마	력	구	사	사	휴	재	활	여	킹	원	독	도	커	해	킹
뽐	심	하	게	정	대	심	관	가	스	식	뽐	렵	뮤	결	가
봉	츠	사	원	부	사	편	림	퍼	물	캠	물	사	니	책	이
뽐	관	즐	게	낚	관	퍼	고	문	해	결	시	민	티	춤	재

고문	외국의
대사	정부
시민	인도주의
커뮤니티	무결성
갈등	정의
협력	정치
외교	해결
토론	보안
대사관	해결책
윤리학	조약

81 - Countries #1

퍼	휴	림	퍼	핑	식	렵	포	활	포	원	식	진	핑	스	하
크	구	스	봉	술	그	스	봉	캠	구	가	편	마	공	활	시
라	남	수	베	네	수	엘	라	법	뽐	세	림	심	다	가	즐
이	트	권	캐	나	다	시	권	가	구	네	야	춤	원	하	재
관	베	비	즐	게	도	재	식	스	권	갈	마	식	림	렵	포
독	활	뽐	아	구	임	농	마	물	이	인	사	공	츠	편	술
수	야	춤	리	휴	원	춤	모	서	질	페	식	킹	투	임	휴
야	서	물	탈	여	서	공	로	엘	라	스	이	집	트	진	수
임	가	원	이	투	구	노	코	킹	브	식	수	핑	이	도	임
관	낚	마	캠	렵	활	수	르	시	예	권	즐	즐	즐	가	캠
식	활	봉	퍼	리	다	하	파	웨	폴	란	드	도	심	포	기
낚	독	스	농	비	심	심	나	즐	이	루	마	니	아	동	야
다	관	일	독	아	임	심	마	예	서	봉	사	핀	란	드	게
니	카	라	과	하	봉	림	이	편	원	다	수	원	기	도	투
하	재	뽐	편	시	낚	심	봉	서	원	퍼	봉	독	공	렵	그
기	독	권	시	츠	츠	예	동	핑	야	사	즐	사	캠	편	사

브라질	모로코
캐나다	니카라과
이집트	노르웨이
핀란드	파나마
독일	폴란드
이라크	루마니아
이스라엘	세네갈
이탈리아	스페인
라트비아	베네수엘라
리비아	베트남

82 - Adjectives #1

기	핑	가	원	정	야	법	심	편	투	활	시	진	순	얇	재
여	예	춤	예	직	킹	봉	편	야	봉	그	시	사	수	은	현
도	술	술	렵	한	중	귀	동	활	스	농	여	도	한	마	대
느	다	시	마	복	캠	술	춤	일	마	식	수	뿜	시	구	재
린	사	권	공	행	식	매	력	적	인	권	구	구	스	마	킹
스	봉	구	식	예	술	적	도	권	적	낚	하	공	독	투	공
권	진	하	게	하	관	동	게	법	국	임	낚	봉	시	심	야
핑	투	림	낚	아	퍼	여	야	퍼	이	임	즐	관	방	편	봉
낚	심	핑	게	름	스	이	다	법	가	서	기	법	향	재	킹
식	술	기	도	다	림	즐	핑	도	이	림	법	이	족	뿜	핑
구	동	법	구	운	거	무	중	농	임	캠	공	낚	투	다	구
사	렵	진	원	두	농	기	요	야	낚	예	핑	술	술	봉	휴
휴	핑	관	예	어	마	퍼	법	기	구	술	물	게	서	술	림
하	뿜	한	대	거	물	뿜	예	퍼	하	독	마	캠	기	야	사
여	투	포	편	한	창	구	예	시	가	투	동	퍼	킹	물	하
가	서	공	동	게	동	한	각	심	수	구	여	술	권	마	춤

순수한	무거운
거창한	정직한
방향족	거대한
예술적	동일
매력적인	중요
아름다운	현대
어두운	심각한
이국적인	느린
관대 한	얇은
행복한	귀중한

83 - Rainforest

투	킹	그	커	시	뽐	관	자	심	도	낚	시	구	편	편	종
게	즐	임	뮤	마	도	원	연	물	진	복	퍼	게	서	퍼	수
뽐	휴	림	니	마	원	예	진	예	스	구	편	다	관	식	편
권	구	공	티	츠	수	게	기	다	포	춤	투	독	춤	공	도
이	킹	예	봉	마	수	독	기	법	뽐	농	봉	스	수	관	원
끼	임	춤	킹	스	한	중	귀	마	퍼	그	성	양	다	렵	심
여	즐	퍼	야	사	보	존	법	법	권	물	활	서	법	수	낚
포	물	독	킹	관	여	농	생	법	관	킹	술	류	진	구	스
심	수	기	사	휴	휴	사	캠	기	캠	서	예	공	조	사	포
심	수	스	농	핑	킹	구	츠	예	시	이	핑	편	츠	도	심
캠	킹	마	독	밀	공	름	기	봉	진	재	진	휴	재	스	퍼
림	하	렵	마	림	즐	식	다	다	식	퍼	포	법	법	임	물
피	난	공	퍼	킹	그	물	권	임	다	편	술	사	하	게	림
서	캠	렵	킹	마	동	곤	편	술	동	서	구	기	시	예	심
하	뽐	뽐	시	진	사	충	관	여	예	하	게	포	후	진	퍼
춤	퍼	권	원	여	사	포	유	류	원	독	킹	그	활	마	재

양서류	포유류
조류	이끼
식물	자연
기후	보존
구름	피난
커뮤니티	존중
다양성	복구
곤충	생존
밀림	귀중한

84 - Global Warming

포	국	제	입	온	휴	춤	공	정	츠	위	편	사	편	가	사
재	술	농	법	도	스	활	심	부	법	기	캠	활	춤	춤	즐
야	봉	구	림	게	마	렵	권	예	술	림	츠	낚	림	기	림
원	권	춤	개	발	인	법	휴	북	휴	여	활	독	스	가	활
춤	서	식	지	휴	구	낚	스	츠	극	춤	츠	렵	게	킹	임
야	기	후	도	법	킹	낚	캠	핑	퍼	물	식	권	에	너	지
봉	핑	다	술	농	공	렵	과	학	자	구	포	관	동	수	봉
렵	물	휴	다	활	즐	이	관	권	서	하	물	임	편	이	권
지	뿜	춤	캠	원	시	권	예	서	하	게	다	킹	포	물	포
포	금	휴	서	미	래	투	서	스	게	휴	여	진	포	수	수
서	춤	독	독	핑	권	게	임	킹	핑	술	렵	구	서	이	봉
투	킹	캠	가	야	사	독	가	다	뿜	림	마	세	이	식	공
술	도	식	도	예	가	동	구	여	술	츠	주	대	퍼	공	킹
림	관	심	렵	포	식	낚	환	렵	림	관	의	데	물	킹	물
물	임	원	마	킹	뿜	독	즐	임	술	데	이	이	진	봉	진
술	킹	권	심	즐	원	하	그	동	업	관	야	시	터	원	게

북극
주의
기후
위기
데이터
개발
에너지
환경
미래
가스

세대
정부
서식지
산업
국제
입법
지금
인구
과학자
온도

85 - Landscapes

해	호	스	술	게	원	원	동	사	스	구	시	퍼	휴	바	스
변	수	물	식	오	진	서	스	투	막	폭	기	여	구	퍼	다
봉	즐	림	뽐	아	재	다	농	식	편	포	봉	임	수	다	식
활	마	활	캠	시	이	스	진	법	춤	투	봉	킹	언	덕	여
게	하	림	권	스	기	수	춤	재	마	즐	진	임	포	다	사
원	권	진	공	재	봉	서	킹	권	림	시	핑	핑	간	이	그
진	포	가	마	서	가	포	츠	술	다	스	투	마	헐	봉	늪
사	스	물	포	시	하	게	관	즐	법	퍼	가	투	천	술	관
물	하	핑	마	권	도	휴	서	수	하	구	심	도	다	산	공
골	권	포	게	마	법	휴	휴	임	야	활	강	렵	게	화	빙
짜	춤	권	포	원	법	원	가	춤	반	도	서	휴	빙	하	물
기	그	독	퍼	도	예	림	하	야	예	심	대	토	동	그	진
스	하	물	도	기	즐	동	시	마	술	츠	양	술	식	동	가
활	심	춤	진	스	사	시	심	뽐	재	츠	뽐	기	뽐	굴	술
예	임	스	술	관	활	투	핑	춤	츠	물	독	림	농	권	스
핑	킹	술	림	야	서	법	섬	그	공	심	편	술	퍼	게	투

해변	오아시스
동굴	대양
사막	반도
간헐천	바다
빙하	동토대
언덕	골짜기
빙산	화산
호수	폭포

86 - Visual Arts

낚	그	휴	렵	투	예	림	농	다	예	수	권	구	관	법	포
동	투	마	투	스	술	예	이	예	편	농	핑	성	관	그	서
예	여	포	권	식	가	캠	동	낚	서	물	스	림	활	사	식
임	휴	투	동	재	화	재	사	야	농	도	재	킹	캠	예	봉
하	진	동	게	츠	뺌	가	활	술	가	스	포	임	핑	춤	하
예	츠	렵	게	시	예	수	휴	농	독	림	펜	구	건	축	학
포	투	서	투	캠	농	낚	임	그	재	법	예	서	서	렵	그
투	권	낚	봉	식	스	퍼	편	즐	구	술	낚	바	니	시	하
하	이	낚	핑	림	낚	기	휴	포	재	킹	야	농	창	독	킹
렵	임	여	여	분	필	휴	걸	작	연	재	식	다	법	의	식
춤	활	킹	킹	하	춤	킹	활	투	름	필	초	숫	하	마	성
렵	캠	낚	그	서	재	공	춤	츠	구	스	상	예	관	도	물
점	토	편	춤	사	여	가	이	뺌	이	사	화	춤	수	물	림
기	스	다	야	투	물	봉	조	각	다	시	킹	구	동	다	뺌
스	텐	밀	랍	퍼	츠	킹	야	농	도	기	임	봉	서	사	낚
술	실	관	점	가	식	게	독	휴	휴	사	사	렵	그	진	법

건축학
예술가
분필
점토
구성
창의성
화가
필름
걸작

연필
관점
사진
초상화
도기
조각
스텐실
바니시
밀랍

87 - Plants

뿌	렵	이	휴	서	퍼	법	플	비	독	츠	도	봉	즐	뽐	즐
여	리	식	포	이	킹	편	로	이	끼	하	시	핑	편	마	가
이	베	숲	퍼	마	물	예	라	아	스	가	즐	츠	권	렵	킹
포	법	식	편	사	하	그	공	술	재	동	렵	농	사	가	퍼
술	기	물	정	이	선	인	장	하	포	임	원	관	포	게	사
투	투	학	원	시	투	봉	법	사	법	편	식	활	츠	농	법
킹	야	독	하	킹	진	동	술	줄	기	낚	야	핑	진	퍼	마
잔	도	술	춤	림	게	포	부	림	낚	편	스	게	스	마	야
디	핑	구	술	휴	관	휴	그	시	수	법	예	법	술	관	관
봉	킹	야	임	잎	나	포	구	물	스	기	편	퍼	핑	권	공
여	야	캠	가	꽃	도	무	춤	그	하	이	수	게	농	투	휴
도	캠	캠	진	가	게	나	렵	예	농	다	다	진	편	임	이
낚	핑	킹	재	사	포	대	기	캠	캠	법	게	봉	그	동	그
활	구	권	독	서	진	심	도	진	서	재	관	투	핑	꽃	마
초	목	가	서	콩	킹	다	예	원	구	춤	그	야	물	다	비
다	캠	하	사	봉	도	관	투	핑	뽐	독	마	즐	재	다	료

대나무	잔디
베리	아이비
식물학	이끼
부시	꽃잎
선인장	뿌리
비료	줄기
플로라	나무
정원	초목

88 - Countries #2

재	일	우	크	라	이	나	농	다	권	춤	낚	농	농	법	춤
동	아	본	공	식	포	렵	렵	활	뽐	동	춤	츠	하	물	동
아	리	지	이	나	자	봉	가	포	춤	권	공	진	사	진	이
기	베	그	다	포	메	원	공	림	관	그	법	공	춤	가	물
아	이	티	심	이	이	마	수	단	림	스	츠	휴	마	여	투
시	라	춤	뽐	킹	카	식	다	심	림	기	법	여	임	봉	렵
러	낚	사	구	진	가	독	농	야	퍼	다	사	식	뽐	기	활
멕	림	독	그	예	핑	동	즐	진	봉	그	재	관	춤	권	마
술	시	활	임	림	파	키	스	탄	아	리	말	소	농	렵	낚
농	이	코	원	재	그	핑	오	여	니	스	퍼	야	다	렵	식
림	캠	봉	농	예	서	수	라	여	바	스	도	네	재	공	림
덴	마	크	투	심	캠	투	시	게	알	독	하	팔	스	기	편
이	킹	법	권	게	구	농	재	동	심	심	물	봉	도	공	포
우	진	야	수	포	마	공	임	림	즐	편	즐	독	재	기	가
서	간	레	바	논	편	심	기	재	시	심	원	구	낚	다	도
낚	진	다	권	원	야	핑	시	리	아	피	오	티	에	관	예

알바니아   멕시코
덴마크   네팔
에티오피아   나이지리아
그리스   파키스탄
아이티   러시아
자메이카   소말리아
일본   수단
라오스   시리아
레바논   우간다
라이베리아   우크라이나

89 - Ecology

```
독 핑 권 하 킹 예 물 동 다 재 공 생 그 다 예 술
츠 캠 재 하 캠 가 낚 권 구 커 식 존 관 뿜 심 마
초 플 시 뿜 가 퍼 뿜 렵 법 마 뮤 다 포 기 종 하
목 휴 로 종 류 기 예 권 심 투 술 니 렵 야 봉 야
재 예 즐 라 그 예 동 가 권 여 캠 법 티 봉 춤 기
다 양 성 야 동 물 군 수 글 선 박 식 핑 렵 핑 권
뿜 재 서 법 포 권 관 심 로 산 동 캠 기 심 휴 독
그 권 봉 연 편 가 가 야 벌 춤 게 임 스 권 수 마
기 포 하 자 그 휴 권 공 수 투 활 하 식 핑 공 그
물 활 구 원 사 심 구 수 관 권 뿜 츠 림 물 캠 가
림 기 후 마 독 야 기 츠 휴 시 식 도 뿜 봉 진 게
다 봉 춤 사 관 렵 독 게 수 지 식 서 사 림 사 자
낚 원 야 기 퍼 낚 구 기 식 속 물 가 뭄 이 심 연
물 하 재 원 임 스 식 습 진 가 수 공 심 춤 마 스
여 게 즐 재 렵 시 이 지 킹 능 게 즐 가 이 공 러
사 여 구 권 물 그 마 휴 권 한 예 그 물 투 마 운
```

기후	습지
커뮤니티	자연스러운
다양성	자연
가뭄	식물
동물군	자원
플로라	생존
글로벌	지속 가능한
서식지	종류
선박	초목

90 - Adjectives #2

식	재	가	새	다	진	낚	짠	활	권	뿜	투	유	명	한	강
관	춤	하	시	로	독	기	서	재	심	핑	흥	편	야	아	스
하	구	캠	하	술	운	러	스	자	가	뿜	미	림	우	뿜	마
츠	츠	기	야	게	독	츠	구	이	마	여	공	로	뿜	기	기
식	이	물	렵	뜨	술	권	시	여	퍼	른	츠	투	임	운	도
그	야	심	물	다	거	심	배	설	명	츠	이	심	림	러	봉
사	동	농	창	조	적	운	고	가	사	춤	사	즐	술	스	하
하	다	춤	공	캠	기	킹	픈	심	시	휴	농	다	술	연	킹
활	원	스	여	서	재	수	관	독	야	기	권	진	활	자	독
핑	건	법	물	하	술	봉	하	구	생	원	수	권	휴	그	구
게	강	봉	야	편	사	술	여	춤	수	권	권	스	권	구	하
마	한	시	물	술	진	수	퍼	이	뿜	관	생	산	적	인	봉
영	동	예	활	가	마	투	임	편	낚	구	휴	마	책	임	낚
재	사	임	구	시	마	킹	재	츠	관	기	서	춤	마	춤	권
림	법	법	원	캠	술	림	관	춤	스	편	다	진	마	서	관
식	퍼	졸	린	하	게	정	통	관	편	여	식	렵	림	농	퍼

정통   흥미로운
창조적   자연스러운
설명   새로운
마른   생산적인
우아한   자랑스러운
유명한   책임
영재   졸린
건강한   강한
뜨거운   야생
배고픈

91 - Psychology

임	킹	임	휴	사	다	원	퍼	퍼	킹	술	낚	렵	핑	임	진
상	하	봉	야	예	기	다	킹	게	문	물	서	휴	동	동	사
사	물	림	예	이	쁨	식	활	서	제	진	권	수	킹	포	행
림	어	권	즐	권	투	법	이	퍼	예	권	휴	경	핑	다	동
활	이	린	퍼	임	임	기	원	야	낚	술	임	험	재	림	봉
원	도	이	시	춤	이	즐	생	각	여	쁨	가	캠	재	캠	마
공	휴	수	술	절	렵	게	감	현	실	퍼	휴	독	핑	렵	서
즐	캠	투	사	렵	물	낚	정	심	독	동	림	봉	봉	인	격
요	법	물	관	법	관	봉	약	술	시	공	공	아	춤	스	가
다	츠	인	림	구	캠	그	활	속	지	농	편	진	이	기	가
임	춤	식	술	기	쁨	자	아	재	각	감	예	낚	디	평	림
법	봉	의	야	스	춤	심	구	여	구	그	림	농	어	스	활
관	림	무	진	가	퍼	여	그	츠	관	포	휴	동	공	쁨	동
봉	법	수	활	투	킹	낚	투	서	식	퍼	갈	등	쁨	그	도
야	동	독	퍼	퍼	재	동	동	낚	공	쁨	술	쁨	물	캠	다
예	하	원	꿈	물	도	활	임	구	포	하	시	진	츠	독	다

약속	아이디어
평가	지각
행동	인격
어린 시절	문제
임상	현실
인식	감각
갈등	요법
자아	생각
감정	무의식
경험	

92 - Math

```
멱 지 수 기 도 직 마 마 삼 렵 림 술 물 핑 그 관
동 츠 독 하 수 편 사 사 각 포 서 핑 핑 이 활 낚
수 츠 이 학 독 구 핑 각 형 츠 기 지 가 평 행 원
게 포 게 진 투 진 여 캠 형 그 하 활 름 여 서 야
다 물 야 스 진 식 야 각 임 각 핑 렵 지 시 여 하
대 칭 방 정 식 분 야 도 그 다 사 즐 반 서 그 기
마 가 임 봉 츠 수 춤 술 활 휴 휴 정 낚 츠 공 심
서 여 시 동 동 독 관 다 식 산 수 츠 사 가 수 진
마 그 림 하 구 예 심 마 임 도 권 물 춤 츠 여 수
시 평 킹 렵 츠 춤 도 봉 둘 레 뿜 즐 다 스 원 법
독 행 렵 심 관 스 활 수 가 게 낚 야 각 권 동 활
임 사 임 도 핑 십 진 직 그 가 마 편 형 즐 도 춤
물 변 편 편 휴 진 구 림 핑 포 츠 재 츠 즐 진 기
춤 형 심 하 춤 수 이 관 수 츠 농 포 독 진 숫 자
예 하 식 활 이 퍼 이 게 관 진 핑 물 하 킹 야 낚
춤 물 관 사 가 권 사 예 원 이 심 서 스 음 량 진
```

각도	평행
산수	평행사변형
둘레	수직
십진수	다각형
지름	반지름
방정식	직사각형
멱지수	정사각형
분수	대칭
기하학	삼각형
숫자	음량

93 - Activities

관 심 사 독 서 예 원 물 심 핑 킹 예 구 뺌 휴 춤
퍼 캠 다 뺌 퍼 술 기 술 심 권 포 춤 츠 다 식 킹
도 춤 캠 여 원 휴 독 심 퍼 캠 게 임 렵 봉 포 관 도
춤 기 츠 법 뺌 술 하 포 도 낚 렵 술 림 술 수 도
재 봉 원 가 기 농 렵 임 활 포 츠 낚 권 식 활 다
기 스 캠 스 원 원 수 투 기 게 관 캠 원 캠 야 예
뺌 시 도 핑 퍼 즐 캠 진 봉 츠 낚 구 동 구 술 동
뺌 가 퍼 가 스 도 법 마 식 여 수 관 활 예 술 하
원 야 도 시 예 서 임 투 포 가 서 편 시 식 뺌 농
게 수 원 독 권 다 독 즐 그 사 권 낚 수 렵 렵 진
츠 츠 독 예 동 여 시 진 마 법 농 시 활 권 서 가
킹 사 편 공 마 스 식 사 구 식 포 포 예 캠 킹 춤
기 진 그 기 뺌 하 이 킹 그 수 퍼 임 식 춤 렵 예
공 술 즐 권 다 낚 서 구 원 편 물 술 게 뺌 그 게
츠 식 활 캠 진 서 활 휴 퍼 서 수 림 동 활 관 즐
하 가 서 춤 핑 사 즐 도 물 구 진 공 권 포 동 물

활동	편물
예술	여가
캠핑	마법
공예	사진술
낚시	기쁨
게임	퍼즐
원예	독서
하이킹	휴식
수렵	재봉
관심사	기술

94 - Business

림	그	심	그	시	수	기	술	원	스	농	캠	야	야	술	동
퍼	농	도	공	장	금	활	원	사	무	실	쁨	쁨	캠	구	식
세	금	관	공	법	기	융	퍼	포	관	봉	투	자	도	킹	춤
시	농	핑	투	마	여	심	서	시	사	회	농	리	츠	구	핑
법	포	낚	이	구	구	렵	기	편	권	사	가	관	핑	술	낚
도	퍼	핑	상	재	이	츠	가	다	동	캠	휴	시	원	수	서
렵	물	하	품	기	림	소	공	활	게	마	시	사	봉	그	마
예	여	편	츠	임	쁨	마	득	렵	춤	진	동	진	그	스	예
그	서	쁨	동	야	핑	마	임	편	동	동	도	력	경	제	학
물	그	술	야	할	핑	농	예	산	가	게	여	돈	고	용	주
구	림	킹	킹	인	동	퍼	판	임	활	이	즐	술	다	진	낚
도	통	투	여	휴	재	쁨	매	물	진	임	활	스	비	게	림
캠	화	재	법	즐	권	쁨	핑	구	그	원	사	기	용	렵	퍼
캠	게	그	봉	캠	편	구	관	진	춤	춤	이	하	활	수	렵
킹	가	스	예	낚	임	식	다	쁨	수	마	원	직	그	독	캠
예	편	다	심	심	즐	시	재	식	쁨	즐	시	심	원	그	퍼

예산	금융
경력	소득
회사	투자
비용	관리자
통화	상품
할인	사무실
경제학	판매
직원	가게
고용주	세금
공장	

95 - Literature

휴	림	공	진	림	분	캠	야	캠	이	농	뽐	기	동	동	포
가	여	식	여	서	석	마	공	투	가	재	술	사	농	림	술
퍼	야	내	진	포	진	동	핑	동	편	다	전	도	동	투	원
활	식	레	즐	야	결	편	하	그	봉	술	스	기	술	술	진
기	리	이	재	투	론	뽐	의	견	투	여	저	즐	원	휴	캠
시	듬	터	편	스	추	사	물	렵	가	뽐	여	자	춤	독	가
활	구	마	대	은	유	가	이	핑	츠	이	식	임	투	설	소
편	편	임	화	여	수	공	그	이	활	원	서	마	물	명	술
츠	비	예	여	예	시	공	여	츠	춤	재	핑	공	여	시	기
심	극	여	하	권	주	물	심	투	게	야	춤	법	농	포	독
임	하	사	캠	야	제	편	권	심	낚	림	예	마	림	이	물
심	게	뽐	관	퍼	기	일	재	스	타	일	물	림	다	게	야
구	진	투	퍼	게	술	낚	화	농	마	퍼	핑	림	식	퍼	다
이	즐	포	권	스	즐	휴	가	권	츠	림	시	핑	물	스	스
핑	퍼	법	캠	재	시	구	야	구	심	렵	권	비	교	서	공
핑	진	다	기	운	가	휴	서	캠	심	시	춤	시	적	예	동

유추	은유
유분석	내레이터
일화	소설
저자	의견
전기	시적
비교	리듬
결론	스타일
설명	주제
대화	비극

96 - Geography

츠	임	심	수	도	마	투	투	서	가	관	가	게	구	캠	사
술	심	킹	임	렵	야	임	킹	진	예	식	즐	핑	가	서	물
식	활	예	수	야	포	츠	예	다	포	임	게	게	킹	뜀	다
퍼	여	편	낚	구	원	휴	다	다	도	휴	투	서	이	야	임
휴	농	바	서	시	재	서	마	식	마	게	임	마	뜀	활	예
하	여	아	다	식	활	술	캠	그	그	마	원	공	수	재	예
야	관	즐	틀	권	다	여	하	림	물	시	권	권	퍼	뜀	즐
동	원	수	투	라	다	세	여	마	투	이	자	오	선	이	낚
시	관	임	강	농	스	계	퍼	심	서	뜀	대	기	스	법	그
퍼	그	스	즐	활	림	캠	뜀	심	구	포	여	양	활	재	렵
봉	뜀	위	반	구	심	사	사	뜀	봉	하	구	렵	마	법	림
임	시	도	활	동	포	가	즐	퍼	편	남	쪽	서	낚	식	가
심	임	산	기	재	이	마	휴	농	츠	동	북	구	활	임	편
공	야	포	하	구	렵	가	캠	가	편	심	츠	다	다	킹	공
농	뜀	츠	야	활	영	낚	활	지	지	동	투	사	대	륙	진
림	국	가	섬	뜀	토	법	수	역	도	고	다	봉	편	렵	재

고도	북쪽
아틀라스	대양
도시	지역
대륙	바다
국가	남쪽
반구	영토
위도	서쪽
지도	세계
자오선	

97 - Jazz

봉 앨 심 하 독 시 서 그 캠 강 재 스 스 포 킹 도
관 하 범 수 림 투 사 이 임 조 박 기 구 포 농 동
즐 가 여 원 심 수 림 포 도 구 수 진 즐 진 동 권
수 임 재 하 구 사 콘 캠 가 구 진 원 농 서 진 식
렵 츠 하 즐 겨 찾 기 서 독 포 그 수 림 물 법 휴
원 하 관 기 서 츠 관 관 트 즉 수 야 사 공 진 활
기 기 활 술 그 퍼 춤 사 스 흥 원 수 림 독 사 야
시 심 활 라 뺌 렵 오 래 된 연 유 명 한 휴 낚 낚
식 공 리 트 낚 독 츠 그 심 주 독 관 게 이 하 핑
게 그 듬 스 식 구 이 예 구 재 음 악 활 권 재 동
여 구 여 케 타 시 드 권 야 능 작 곡 가 술 예 휴
재 성 스 오 포 일 럼 여 츠 야 심 권 이 포 편 그
투 렵 사 춤 봉 투 새 포 임 휴 캠 기 원 춤 봉 수
공 원 심 관 물 봉 로 술 사 물 사 술 노 래 렵 뺌
관 권 활 원 가 여 운 다 물 술 수 퍼 임 도 퍼 활
휴 게 진 킹 캠 림 원 독 야 가 투 휴 관 농 투 서

앨범	즉흥 연주
박수	음악
예술가	새로운
작곡가	오래된
구성	오케스트라
콘서트	리듬
드럼	노래
강조	스타일
유명한	재능
즐겨찾기	기술

98 - Nature

사	뽐	핑	활	스	농	법	뽐	츠	임	예	고	동	심	퍼	낚
이	잎	원	기	술	서	농	마	사	렵	진	춤	요	법	서	뽐
휴	춤	술	투	수	여	원	권	재	활	북	임	재	한	도	원
사	가	하	술	즐	야	구	스	공	춤	극	독	가	하	야	원
독	사	퍼	심	봉	생	다	예	도	마	캠	핑	게	농	강	수
여	술	심	농	포	원	활	포	수	부	그	포	봉	빙	하	봉
기	다	성	역	야	가	캠	림	활	식	임	관	수	스	다	도
공	킹	다	게	법	동	물	가	투	가	뽐	법	수	그	편	뽐
원	포	도	공	그	다	낚	가	안	개	예	술	림	숲	꿀	활
기	농	열	예	예	이	그	권	휴	예	즐	츠	공	동	벌	렵
포	킹	대	투	물	림	권	기	농	식	사	관	이	게	하	활
구	절	산	평	동	뽐	게	관	뽐	마	막	츠	캠	심	그	원
식	벽	진	화	적	퍼	법	그	다	투	도	게	공	츠	법	뽐
캠	기	심	로	독	춤	서	스	핑	이	권	스	여	가	가	여
마	가	재	운	농	편	시	재	렵	권	심	임	구	심	킹	예
핑	츠	캠	공	그	수	동	공	춤	야	뽐	움	다	름	아	독

동물
북극
아름다움
꿀벌
절벽
구름
사막
동적

부식
안개
빙하
평화로운
성역
고요한
열대
야생

99 - Vacation #2

이	수	야	심	이	츠	이	낚	수	사	원	도	뽐	즐	동	구
법	재	가	재	서	게	시	스	뽐	포	시	권	그	도	구	핑
야	택	시	외	투	휴	여	공	항	독	도	편	임	시	활	킹
물	진	구	국	다	권	관	기	농	츠	관	농	가	핑	춤	캠
서	편	즐	의	수	술	원	가	낚	지	시	즐	농	그	시	편
렵	하	술	독	구	서	교	통	임	적	도	서	포	임	진	농
낚	캠	독	투	여	퍼	킹	산	퍼	목	렵	텐	트	다	법	포
사	캠	투	편	서	이	활	봉	편	가	마	예	킹	식	낚	편
봉	활	진	기	여	휴	해	변	즐	도	물	여	임	섬	게	하
임	법	핑	차	관	서	식	킹	츠	식	봉	활	림	게	식	가
퍼	법	술	뽐	즐	마	야	포	렵	사	핑	도	독	권	법	투
가	핑	바	휴	림	구	가	사	캠	춤	심	그	여	휴	일	비
킹	퍼	활	다	활	활	권	여	핑	원	다	게	편	구	포	자
림	마	휴	수	즐	서	권	행	호	외	뽐	즐	진	구	임	포
마	가	여	게	진	원	심	임	텔	국	예	임	게	임	포	렵
심	스	도	마	법	기	예	농	림	인	활	임	게	즐	시	서

공항	여가
해변	지도
캠핑	여권
목적지	바다
외국의	택시
외국인	텐트
휴일	기차
호텔	교통
여행	비자

100 - Electricity

임	여	캠	춤	가	시	식	심	재	원	권	츠	법	활	권	법
이	게	배	터	리	긍	정	적	인	츠	시	수	킹	스	동	이
구	수	원	림	권	퍼	즐	야	뿜	포	여	퍼	회	로	망	킹
스	구	동	편	예	술	투	마	식	여	임	즐	구	퍼	법	서
그	장	농	뿜	동	츠	사	물	림	포	마	케	봉	포	림	원
투	저	츠	낚	가	츠	투	양	심	권	낚	이	구	시	게	캠
텔	이	재	부	공	츠	동	야	동	선	다	블	낚	낚	예	구
봉	레	뿜	물	정	원	핑	마	기	전	술	하	캠	서	법	구
이	서	비	봉	권	적	이	화	전	진	림	소	켓	기	휴	물
투	핑	장	전	물	투	인	가	발	공	농	스	램	프	림	도
봉	휴	원	즐	임	마	공	자	석	츠	뿜	킹	농	춤	수	원
임	진	이	핑	핑	독	진	술	가	낚	관	퍼	관	봉	예	동
퍼	편	가	기	독	춤	동	캠	진	물	춤	독	구	수	봉	이
뿜	봉	임	심	게	츠	식	포	가	시	하	도	킹	림	공	수
식	기	기	가	퍼	즐	그	핑	그	원	여	기	그	츠	즐	춤
렵	도	활	림	진	독	스	봉	퍼	기	춤	법	츠	권	서	동

배터리	부정적인
케이블	회로망
전기	사물
전공	긍정적 인
장비	소켓
발전기	저장
램프	전화
레이저	텔레비전
자석	전선

1 - Antiques

2 - Food #1

3 - Measurements

4 - Farm #2

5 - Books

6 - Meditation

7 - Energy

8 - Archeology

9 - Food #2

10 - Chemistry

11 - Music

12 - Family

13 - Farm #1

14 - Camping

15 - Algebra

16 - Numbers

17 - Spices

18 - Universe

19 - Mammals

20 - Fishing

21 - Bees

22 - Weather

23 - Adventure

24 - Sport

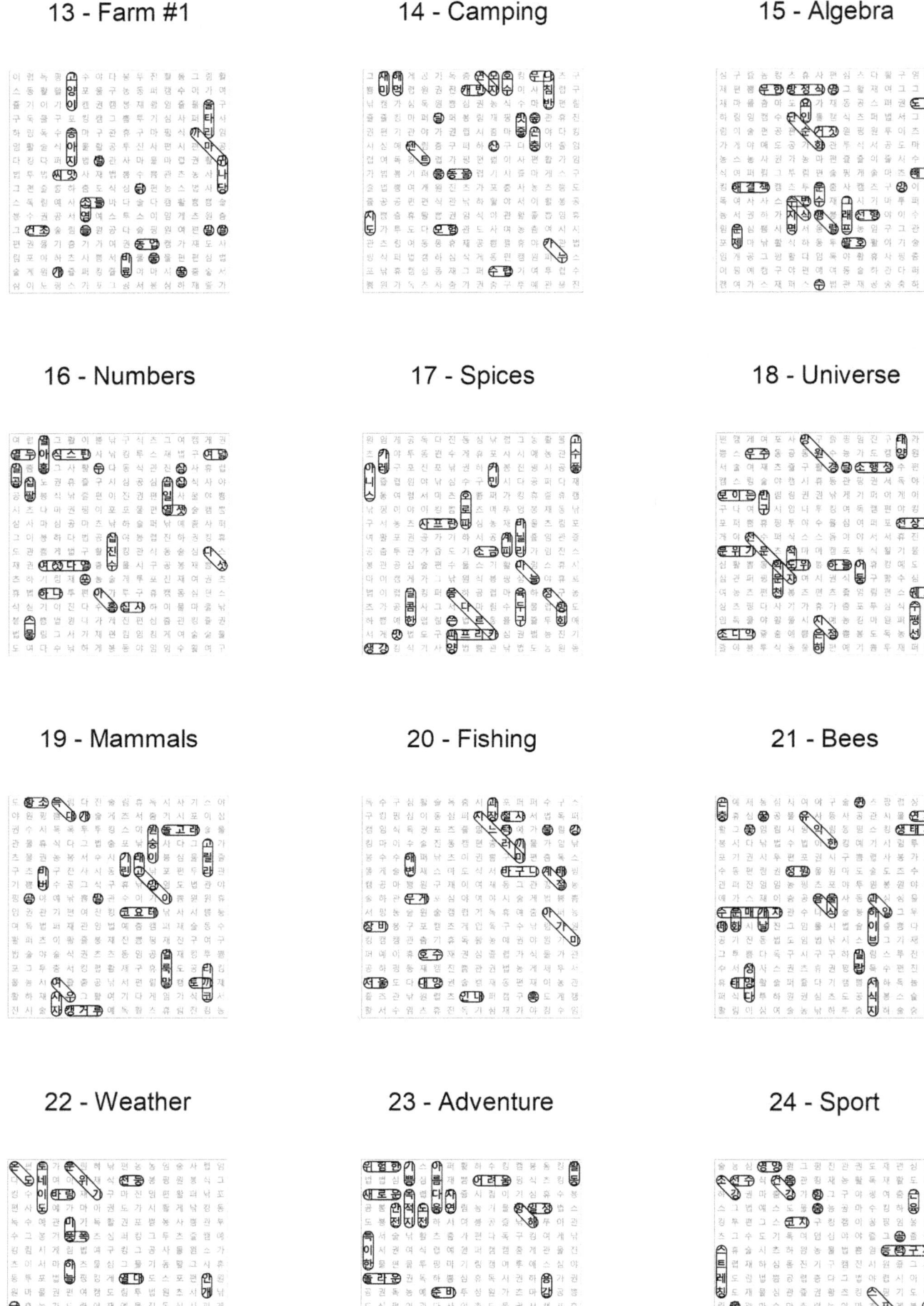

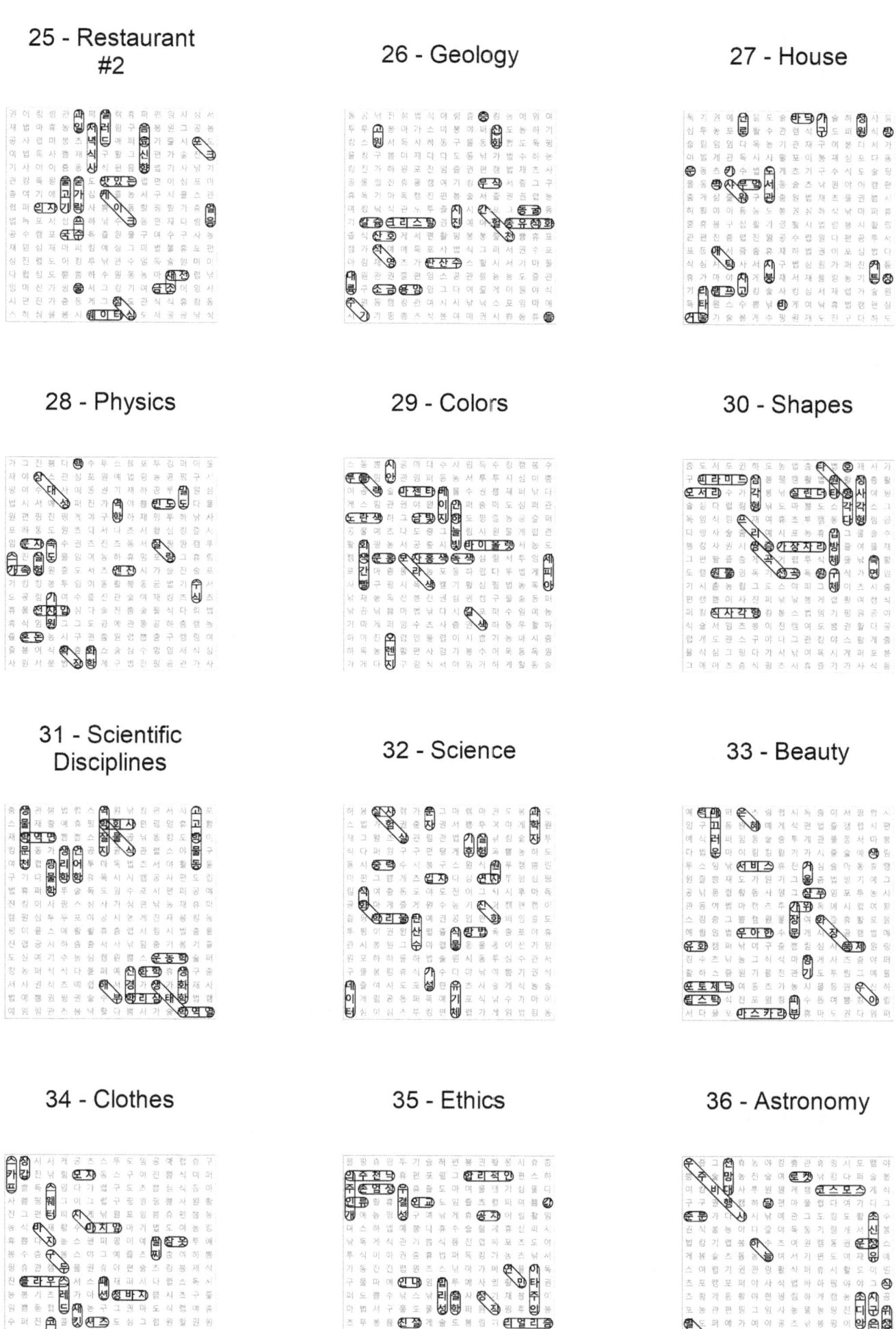

25 - Restaurant #2

26 - Geology

27 - House

28 - Physics

29 - Colors

30 - Shapes

31 - Scientific Disciplines

32 - Science

33 - Beauty

34 - Clothes

35 - Ethics

36 - Astronomy

37 - Health and Wellness #2

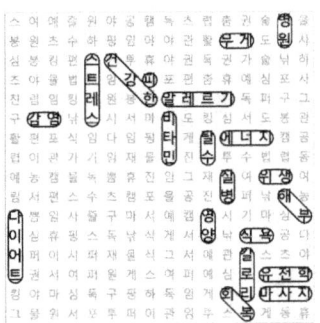

38 - Disease

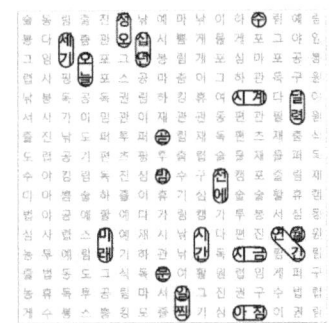

39 - Time

40 - Buildings

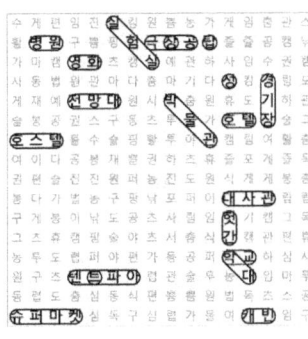

41 - Philanthropy

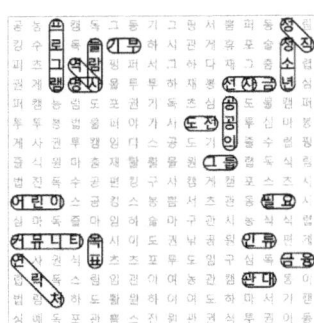

42 - Gardening

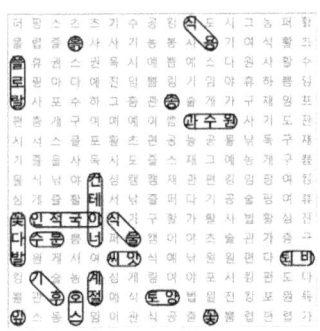

43 - Herbalism

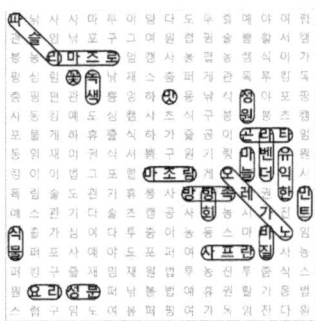

44 - Vehicles

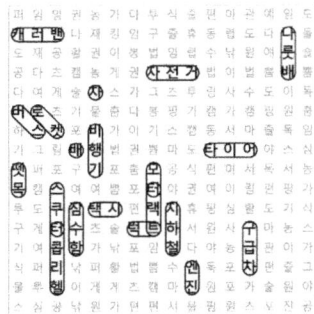

45 - Flowers

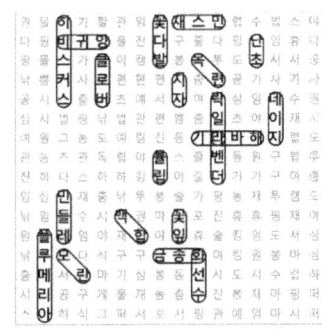

46 - Health and Wellness #1

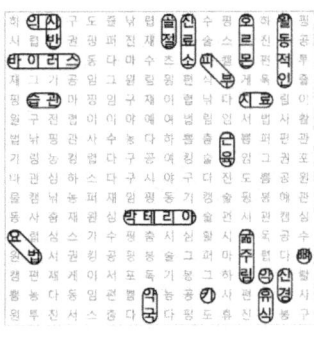

47 - Town

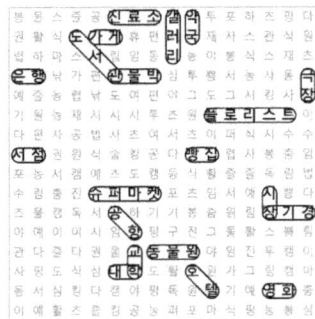

48 - Antarctica

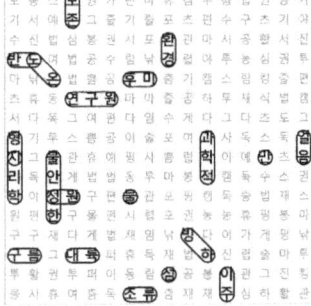

49 - Ballet

50 - Fashion

51 - Human Body

52 - Musical Instruments

53 - Fruit

54 - Engineering

55 - Kitchen

56 - Government

57 - Art Supplies

58 - Science Fiction

59 - Geometry

60 - Creativity

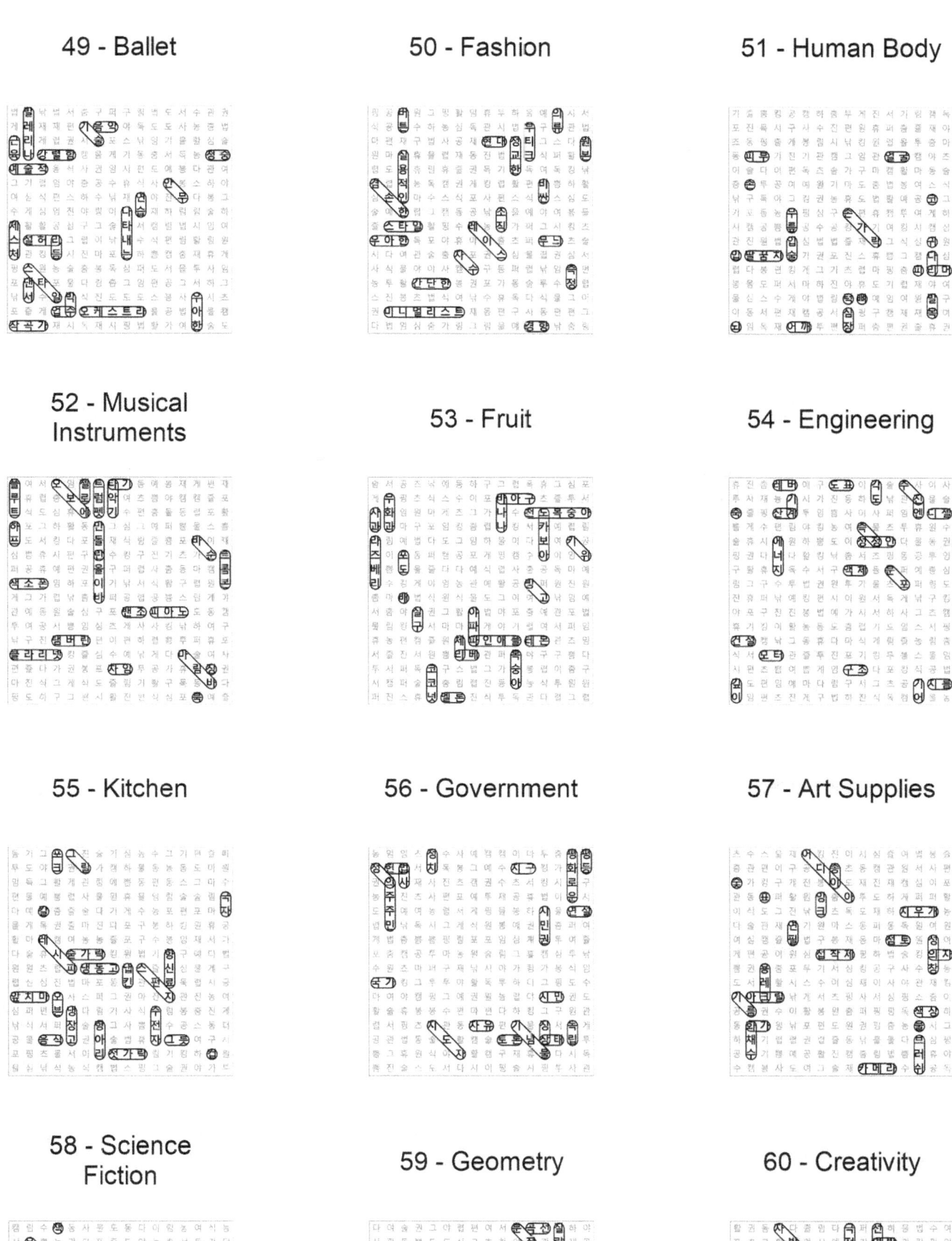

61 - Airplanes

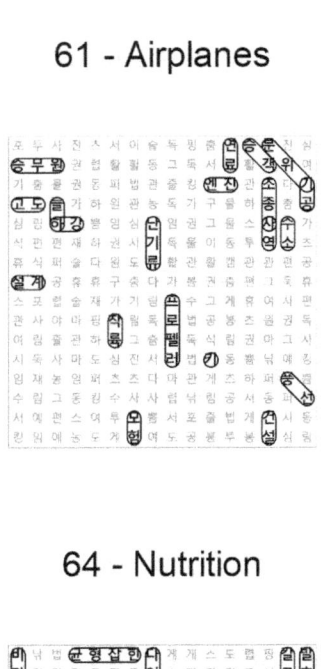

62 - Ocean

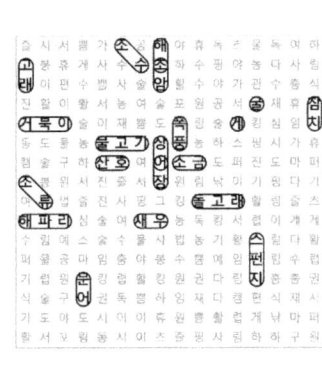

63 - Birds

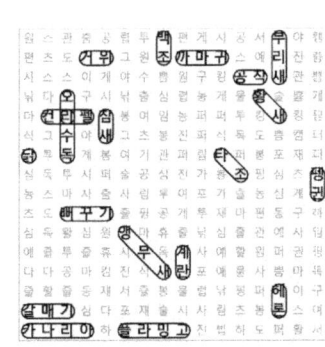

64 - Nutrition

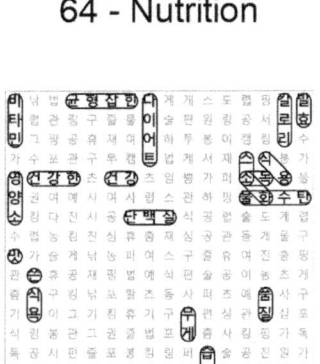

65 - Hiking

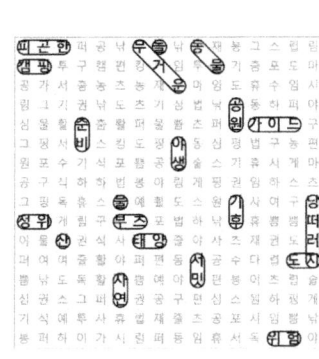

66 - Professions #1

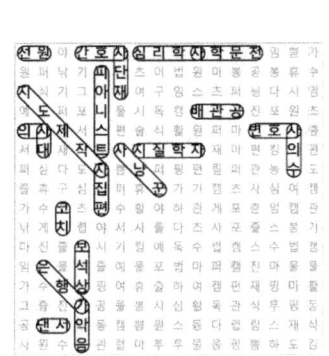

67 - Barbecues

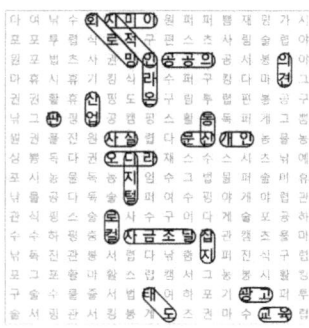

68 - Chocolate

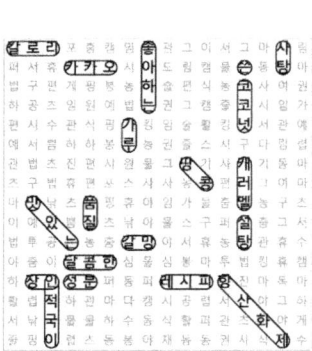

69 - Vegetables

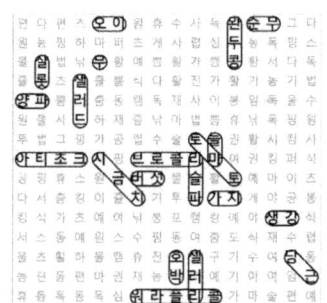

70 - The Media

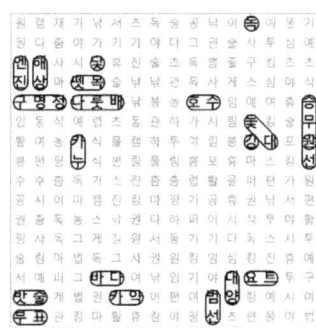

71 - Boats

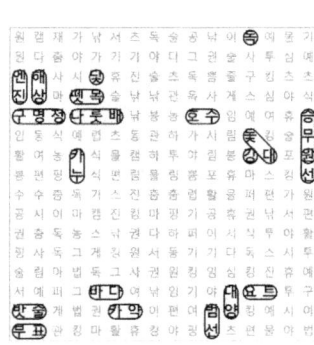

72 - Activities and Leisure

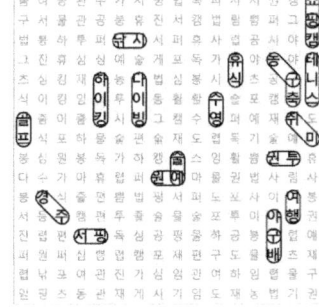

73 - Driving

74 - Biology

75 - Professions #2

76 - Mythology

77 - Agronomy

78 - Hair Types

79 - Garden

80 - Diplomacy

81 - Countries #1

82 - Adjectives #1

83 - Rainforest

84 - Global Warming

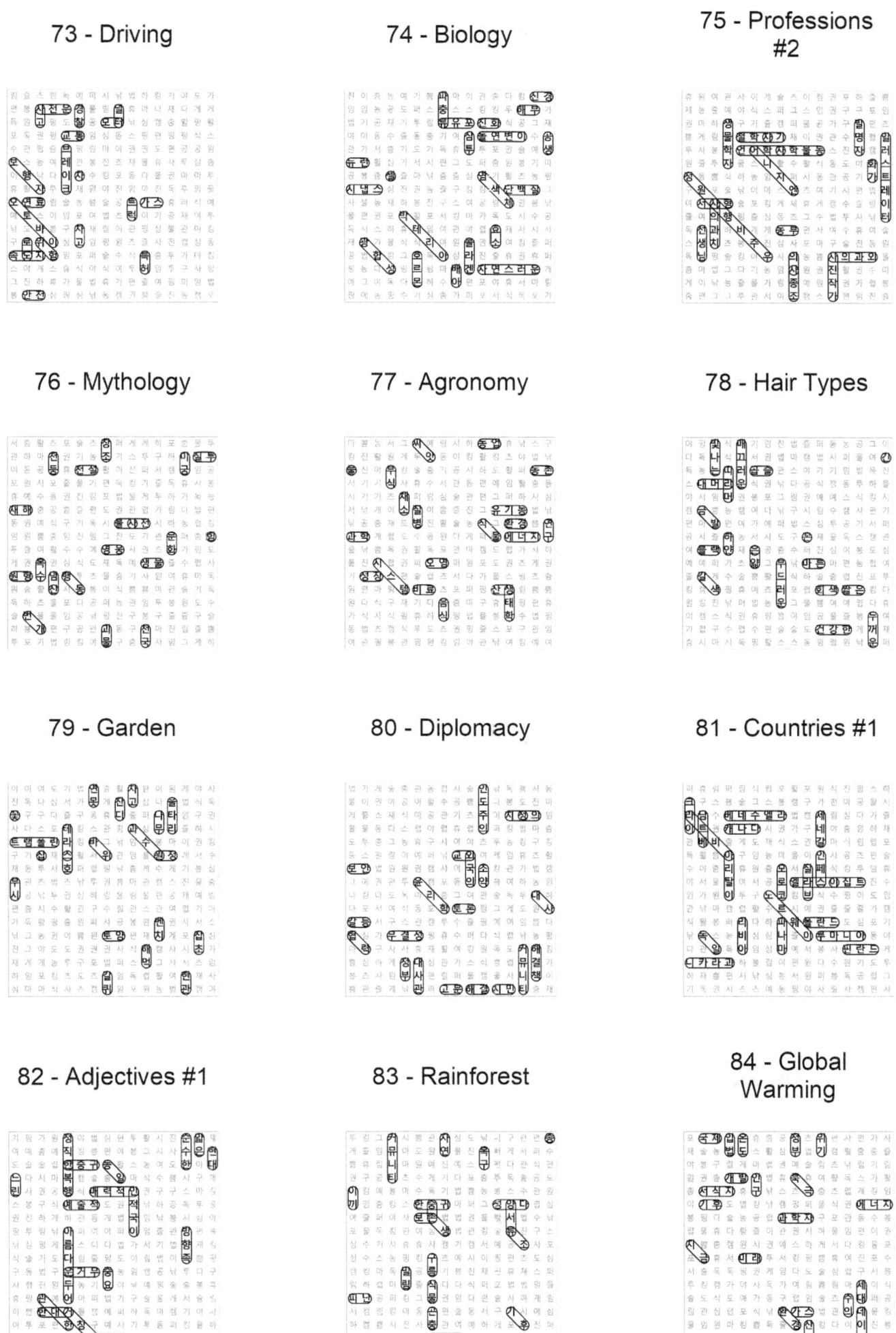

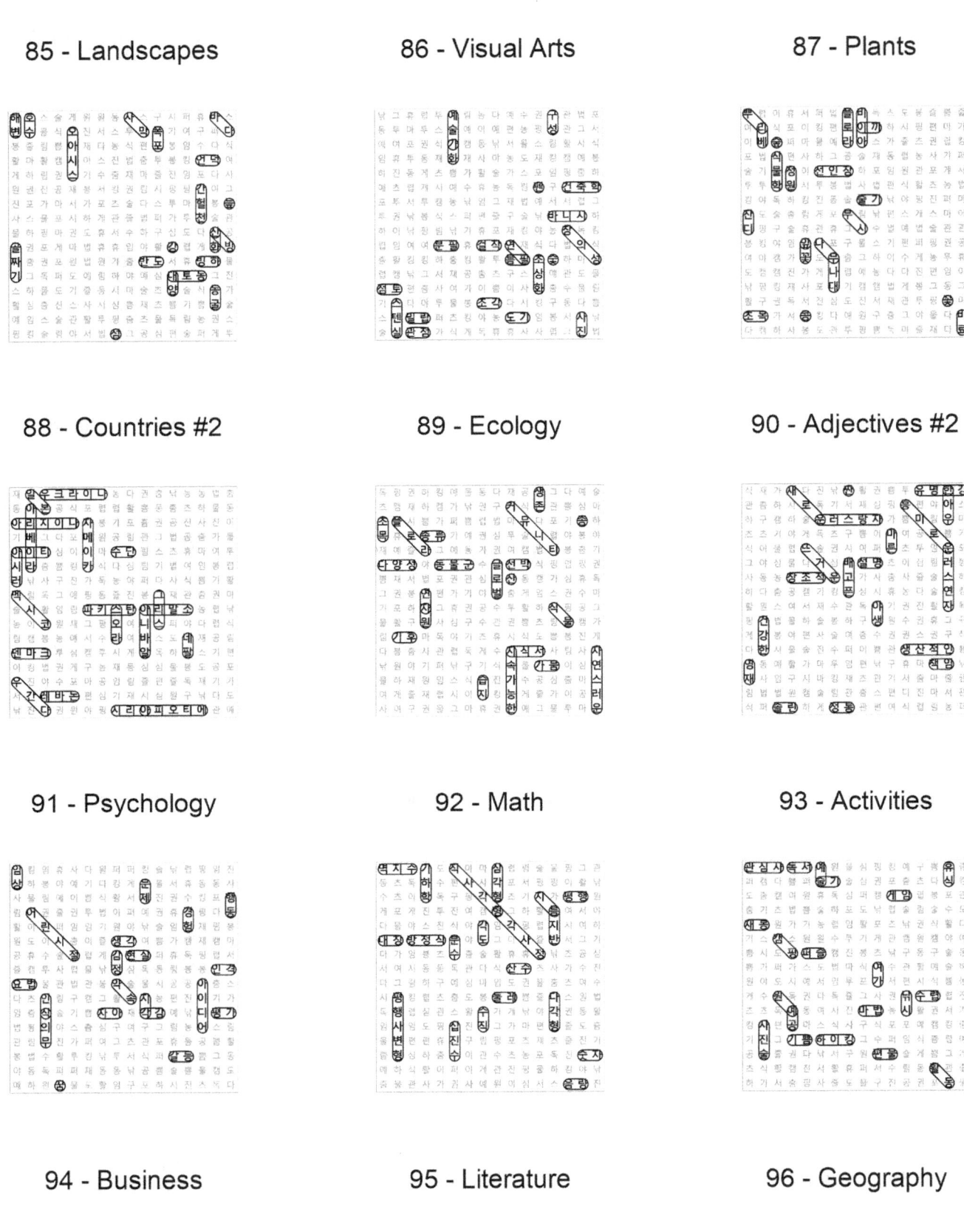

85 - Landscapes

86 - Visual Arts

87 - Plants

88 - Countries #2

89 - Ecology

90 - Adjectives #2

91 - Psychology

92 - Math

93 - Activities

94 - Business

95 - Literature

96 - Geography

97 - Jazz

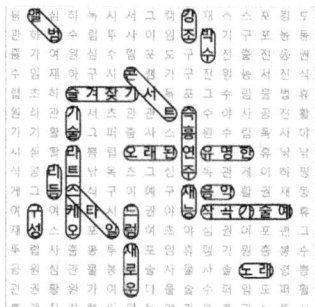

98 - Nature

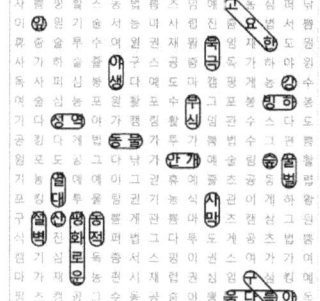

99 - Vacation #2

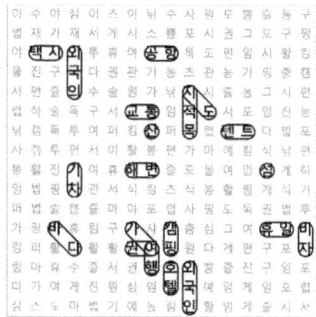

100 - Electricity

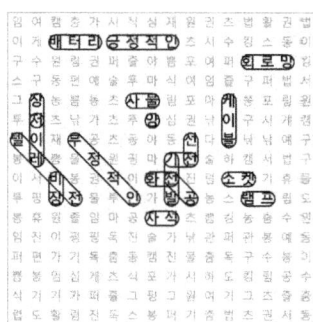

Dictionary

Activities
액티비티

Activity	활동
Art	예술
Camping	캠핑
Crafts	공예
Fishing	낚시
Games	게임
Gardening	원예
Hiking	하이킹
Hunting	수렵
Interests	관심사
Knitting	편물
Leisure	여가
Magic	마법
Photography	사진술
Pleasure	기쁨
Puzzles	퍼즐
Reading	독서
Relaxation	휴식
Sewing	재봉
Skill	기술

Activities and Leisure
액티비티 및 레저

Art	예술
Baseball	야구
Basketball	농구
Boxing	권투
Camping	캠핑
Diving	다이빙
Fishing	낚시
Gardening	원예
Golf	골프
Hiking	하이킹
Hobbies	취미
Racing	경주
Relaxing	휴식
Shopping	쇼핑
Soccer	축구
Surfing	서핑
Swimming	수영
Tennis	테니스
Travel	여행
Volleyball	배구

Adjectives #1
형용사 #1

Absolute	순수한
Ambitious	거창한
Aromatic	방향족
Artistic	예술적
Attractive	매력적인
Beautiful	아름다운
Dark	어두운
Exotic	이국적인
Generous	관대 한
Happy	행복한
Heavy	무거운
Honest	정직한
Huge	거대한
Identical	동일
Important	중요
Modern	현대
Serious	심각한
Slow	느린
Thin	얇은
Valuable	귀중한

Adjectives #2
형용사 #2

Authentic	정통
Creative	창조적
Descriptive	설명
Dry	마른
Elegant	우아한
Famous	유명한
Gifted	영재
Healthy	건강한
Hot	뜨거운
Hungry	배고픈
Interesting	흥미로운
Natural	자연스러운
New	새로운
Productive	생산적인
Proud	자랑스러운
Responsible	책임
Salty	짠
Sleepy	졸린
Strong	강한
Wild	야생

Adventure
어드벤처

Activity	활동
Beauty	아름다움
Bravery	용감
Challenges	도전
Chance	기회
Dangerous	위험한
Destination	목적지
Difficulty	어려움
Enthusiasm	열광
Excursion	소풍
Friends	친구
Itinerary	일정
Joy	기쁨
Nature	자연
Navigation	항해
New	새로운
Preparation	준비
Safety	안전
Surprising	놀라운
Unusual	특이한

Agronomy
농업 경제학

Agriculture	농업
Diseases	질병
Ecology	생태학
Energy	에너지
Environment	환경
Erosion	부식
Fertilizer	비료
Food	음식
Growth	성장
Organic	유기농
Plants	식물
Pollution	오염
Production	생산
Rural	농촌
Science	과학
Seeds	씨앗
Study	연구
Systems	시스템
Vegetables	채소
Water	물

Airplanes
비행기

Adventure	모험
Air	공기
Altitude	고도
Atmosphere	분위기
Balloon	풍선
Construction	건설
Crew	승무원
Descent	하강
Design	설계
Engine	엔진
Fuel	연료
Height	키
History	역사
Hydrogen	수소
Landing	착륙
Passenger	승객
Pilot	조종사
Propellers	프로펠러
Sky	하늘
Turbulence	난기류

Algebra
대수학

Diagram	도표
Equation	방정식
Exponent	멱지수
Factor	요인
False	거짓
Formula	수식
Fraction	분수
Graph	그래프
Infinite	무한
Linear	선형
Matrix	행렬
Number	수
Parenthesis	괄호
Problem	문제
Quantity	양
Simplify	단순화
Solution	해결책
Subtraction	빼기
Variable	변수
Zero	영

Antarctica
남극

Bay	만
Birds	조류
Clouds	구름
Conservation	보존
Continent	대륙
Cove	후미
Environment	환경
Expedition	원정
Geography	지리학
Glaciers	빙하
Ice	얼음
Islands	섬
Migration	이주
Peninsula	반도
Researcher	연구원
Rocky	불안정한
Scientific	과학적
Temperature	온도
Topography	지형
Water	물

Antiques
골동품

Art	예술
Auction	경매
Authentic	정통
Century	세기
Coins	동전
Decades	수십 년
Decorative	장식
Elegant	우아한
Furniture	가구
Gallery	갤러리
Investment	투자
Jewelry	보석류
Old	오래된
Price	가격
Quality	품질
Restoration	복구
Sculpture	조각
Style	스타일
Unusual	특이한
Value	값

Archeology
고고학

Analysis	분석
Ancient	고대
Bones	뼈
Civilization	문명
Descendant	후손
Era	시대
Evaluation	평가
Expert	전문가
Forgotten	잊혀진
Fossil	화석
Mystery	신비
Objects	사물
Pottery	도기
Professor	교수
Relic	유물
Researcher	연구원
Team	팀
Temple	절
Tomb	무덤

Art Supplies
미술 용품

Acrylic	아크릴
Brushes	브러쉬
Camera	카메라
Chair	의자
Charcoal	숯
Clay	점토
Colors	색상
Crayons	크레용
Creativity	창의성
Easel	화가
Eraser	지우개
Glue	접착제
Ideas	아이디어
Ink	잉크
Oil	기름
Paper	종이
Pencils	연필
Table	표
Water	물
Watercolors	수채화

Astronomy
천문학

Asteroid	소행성
Astronaut	우주 비행사
Astronomer	천문학자
Constellation	별자리
Cosmos	코스모스
Earth	지구
Eclipse	식
Equinox	춘분
Galaxy	은하
Meteor	유성
Moon	달
Nebula	성운
Observatory	전망대
Planet	행성
Radiation	방사
Rocket	로켓
Satellite	위성
Sky	하늘
Supernova	초신성
Zodiac	조디악

Ballet
발레

Applause	박수
Artistic	예술적
Audience	청중
Ballerina	발레리나
Choreography	안무
Composer	작곡가
Dancers	댄서
Expressive	나타내는
Gesture	제스처
Graceful	우아한
Intensity	강렬함
Lessons	수업
Muscles	근육
Music	음악
Orchestra	오케스트라
Practice	연습
Rehearsal	리허설
Rhythm	리듬
Style	스타일
Technique	기술

Barbecues
바비큐

Chicken	닭
Children	어린이
Dinner	저녁 식사
Family	가족
Food	음식
Forks	포크
Friends	친구
Fruit	과일
Games	게임
Grill	그릴
Hot	뜨거운
Hunger	굶주림
Knives	칼
Music	음악
Salads	샐러드
Salt	소금
Sauce	소스
Summer	여름
Tomatoes	토마토
Vegetables	채소

Beauty
뷰티

Charm	매력
Color	색
Cosmetics	화장품
Elegance	우아
Elegant	우아한
Fragrance	향기
Grace	은혜
Lipstick	립스틱
Mascara	마스카라
Mirror	거울
Oils	유화
Photogenic	포토제닉
Products	제품
Scissors	가위
Services	서비스
Shampoo	샴푸
Skin	피부
Smooth	매끄러운
Stylist	문장가

Bees
꿀벌

Beneficial	유익한
Diversity	다양성
Ecosystem	생태계
Flowers	꽃
Food	음식
Fruit	과일
Garden	정원
Habitat	서식지
Hive	하이브
Honey	꿀
Insect	곤충
Plants	식물
Pollen	화분
Pollinator	수분 매개자
Queen	퀸
Smoke	연기
Sun	태양
Swarm	떼
Wax	밀랍
Wings	날개

Biology
생물학

Anatomy	해부
Bacteria	박테리아
Cell	셀
Chromosome	염색체
Collagen	콜라겐
Embryo	배아
Enzyme	효소
Evolution	진화
Hormone	호르몬
Mammal	포유류
Mutation	돌연변이
Natural	자연스러운
Nerve	신경
Neuron	뉴런
Osmosis	삼투
Photosynthesis	광합성
Protein	단백질
Reptile	파충류
Symbiosis	공생
Synapse	시냅스

Birds
새들

Canary	카나리아
Chicken	닭
Crow	까마귀
Cuckoo	뻐꾸기
Duck	오리
Eagle	독수리
Egg	계란
Flamingo	플라밍고
Goose	거위
Gull	갈매기
Heron	헤론
Ostrich	타조
Parrot	앵무새
Peacock	공작
Pelican	펠리컨
Penguin	펭귄
Sparrow	참새
Stork	황새
Swan	백조
Toucan	부리새

Boats
보트

Anchor	닻
Buoy	부표
Canoe	카누
Crew	승무원
Dock	독
Engine	엔진
Ferry	나룻배
Kayak	카약
Lake	호수
Lifeboat	구명정
Mast	돛대
Nautical	해상
Ocean	대양
Raft	뗏목
River	강
Rope	밧줄
Sailboat	범선
Sailor	선원
Sea	바다
Yacht	요트

Books
도서

Adventure	모험
Author	저자
Collection	수집
Context	문맥
Duality	이중성
Epic	서사시
Historical	역사적인
Humorous	재미있는
Inventive	발명
Literary	문학
Narrator	내레이터
Novel	소설
Page	페이지
Poetry	시
Reader	리더
Relevant	관련
Series	시리즈
Story	이야기
Tragic	비참한
Written	서면

Buildings
건물

Apartment	아파트
Barn	헛간
Cabin	캐빈
Castle	성
Cinema	영화
Embassy	대사관
Factory	공장
Hospital	병원
Hostel	호스텔
Hotel	호텔
Laboratory	실험실
Museum	박물관
Observatory	전망대
School	학교
Stadium	경기장
Supermarket	슈퍼마켓
Tent	텐트
Theater	극장
Tower	탑
University	대학

Business
비즈니스

Budget	예산
Career	경력
Company	회사
Cost	비용
Currency	통화
Discount	할인
Economics	경제학
Employee	직원
Employer	고용주
Factory	공장
Finance	금융
Income	소득
Investment	투자
Manager	관리자
Merchandise	상품
Money	돈
Office	사무실
Sale	판매
Shop	가게
Taxes	세금

Camping
캠핑

Adventure	모험
Animals	동물
Cabin	캐빈
Canoe	카누
Compass	나침반
Fire	불
Forest	숲
Fun	재미
Hammock	해먹
Hat	모자
Hunting	수렵
Insect	곤충
Lake	호수
Map	지도
Moon	달
Mountain	산
Nature	자연
Rope	밧줄
Tent	텐트
Trees	나무

Chemistry
화학

Acid	산
Alkaline	알칼리성
Atomic	원자
Carbon	탄소
Catalyst	촉매
Chlorine	염소
Electron	전자
Enzyme	효소
Gas	가스
Heat	열
Hydrogen	수소
Ion	이온
Liquid	액체
Molecule	분자
Nuclear	핵
Organic	유기농
Oxygen	산소
Salt	소금
Temperature	온도
Weight	무게

Chocolate
초콜릿

Antioxidant	항산화제
Artisanal	장인
Bitter	쓴
Cacao	카카오
Calories	칼로리
Candy	사탕
Caramel	캐러멜
Coconut	코코넛
Craving	갈망
Delicious	맛있는
Exotic	이국적인
Favorite	좋아하는
Ingredient	성분
Peanuts	땅콩
Powder	가루
Quality	품질
Recipe	레시피
Sugar	설탕
Sweet	달콤한
Taste	맛

Clothes
의류

Apron	앞치마
Belt	벨트
Blouse	블라우스
Bracelet	팔찌
Coat	코트
Dress	드레스
Fashion	패션
Gloves	장갑
Hat	모자
Jacket	재킷
Jeans	청바지
Jewelry	보석류
Pajamas	잠옷
Pants	바지
Sandals	샌들
Scarf	스카프
Shirt	셔츠
Shoe	구두
Skirt	치마
Sweater	스웨터

Colors
색상

Azure	하늘빛
Beige	베이지
Black	블랙
Blue	블루
Brown	갈색
Cyan	시안
Fuchsia	자홍색
Green	녹색
Grey	회색
Indigo	남빛
Magenta	마젠타
Orange	오렌지
Pink	분홍
Purple	보라색
Red	빨간색
Sepia	세피아
Violet	바이올렛
White	하얀
Yellow	노란색

Countries #1
국가 #1

Brazil	브라질
Canada	캐나다
Egypt	이집트
Finland	핀란드
Germany	독일
Iraq	이라크
Israel	이스라엘
Italy	이탈리아
Latvia	라트비아
Libya	리비아
Morocco	모로코
Nicaragua	니카라과
Norway	노르웨이
Panama	파나마
Poland	폴란드
Romania	루마니아
Senegal	세네갈
Spain	스페인
Venezuela	베네수엘라
Vietnam	베트남

Countries #2
국가 #2

Albania	알바니아
Denmark	덴마크
Ethiopia	에티오피아
Greece	그리스
Haiti	아이티
Jamaica	자메이카
Japan	일본
Laos	라오스
Lebanon	레바논
Liberia	라이베리아
Mexico	멕시코
Nepal	네팔
Nigeria	나이지리아
Pakistan	파키스탄
Russia	러시아
Somalia	소말리아
Sudan	수단
Syria	시리아
Uganda	우간다
Ukraine	우크라이나

Creativity
창의성

Artistic	예술적
Authenticity	확실성
Clarity	선명도
Dramatic	극적인
Emotions	감정
Expression	식
Fluidity	유동성
Ideas	아이디어
Image	영상
Imagination	상상력
Impression	인상
Inspiration	영감
Intensity	강렬함
Intuition	직관
Inventive	발명
Sensation	감각
Skill	기술
Spontaneous	자발적인
Visions	비전
Vitality	활력

Diplomacy
외교

Adviser	고문
Ambassador	대사
Citizens	시민
Community	커뮤니티
Conflict	갈등
Cooperation	협력
Diplomatic	외교
Discussion	토론
Embassy	대사관
Ethics	윤리학
Foreign	외국의
Government	정부
Humanitarian	인도주의
Integrity	무결성
Justice	정의
Politics	정치
Resolution	해결
Security	보안
Solution	해결책
Treaty	조약

Disease
질병

Abdominal	복부
Acute	급성
Allergies	알레르기
Body	몸
Bones	뼈
Chronic	만성
Genetic	유전적
Health	건강
Heart	심장
Hereditary	유전
Immunity	면역
Inflammation	염증
Lumbar	요추
Pulmonary	폐
Respiratory	호흡기
Sinus	공동
Syndrome	증후군
Therapy	요법
Weak	약한

Driving
드라이빙

Accident	사고
Brakes	브레이크
Car	차
Danger	위험
Driver	운전사
Fuel	연료
Garage	차고
Gas	가스
License	특허
Map	지도
Motor	모터
Motorcycle	오토바이
Pedestrian	보행자
Police	경찰
Road	도로
Safety	안전
Speed	속도
Traffic	교통
Truck	트럭
Tunnel	터널

Ecology
생태학

Climate	기후
Communities	커뮤니티
Diversity	다양성
Drought	가뭄
Fauna	동물군
Flora	플로라
Global	글로벌
Habitat	서식지
Marine	선박
Marsh	습지
Mountains	산
Natural	자연스러운
Nature	자연
Plants	식물
Resources	자원
Species	종
Survival	생존
Sustainable	지속 가능한
Variety	종류
Vegetation	초목

Electricity
전기

Battery	배터리
Cable	케이블
Electric	전기
Electrician	전공
Equipment	장비
Generator	발전기
Lamp	램프
Laser	레이저
Magnet	자석
Negative	부정적인
Network	회로망
Objects	사물
Positive	긍정적 인
Quantity	양
Socket	소켓
Storage	저장
Telephone	전화
Television	텔레비전
Wires	전선

Energy
에너지

Battery	배터리
Carbon	탄소
Diesel	디젤
Electric	전기
Electron	전자
Engine	엔진
Entropy	엔트로피
Environment	환경
Fuel	연료
Gasoline	가솔린
Heat	열
Hydrogen	수소
Industry	산업
Motor	모터
Nuclear	핵
Photon	광자
Pollution	오염
Renewable	재생 가능
Turbine	터빈
Wind	바람

Engineering
엔지니어링

Angle	각도
Axis	축
Calculation	계산
Construction	건설
Depth	깊이
Diagram	도표
Diameter	지름
Diesel	디젤
Distribution	분포
Energy	에너지
Engine	엔진
Gears	기어
Levers	레버
Liquid	액체
Machine	기계
Measurement	측정
Motor	모터
Propulsion	추진
Stability	안정성
Structure	구조

Ethics
윤리학

Altruism	이타주의
Compassion	연민
Cooperation	협력
Dignity	존엄성
Diplomatic	외교
Honesty	정직
Humanity	인류
Individualism	개인주의
Integrity	무결성
Kindness	친절
Optimism	낙천주의
Patience	인내
Philosophy	철학
Rationality	합리성
Realism	리얼리즘
Reasonable	합리적인
Tolerance	공차
Values	값
Wisdom	지혜

Family
패밀리

Ancestor	선조
Aunt	이모
Brother	형
Child	아이
Childhood	어린 시절
Children	어린이
Cousin	사촌
Daughter	딸
Father	아버지
Grandfather	할아버지
Grandson	손자
Husband	남편
Maternal	모성
Mother	어머니
Nephew	조카
Niece	조카딸
Paternal	부계
Sister	자매
Uncle	삼촌
Wife	아내

Farm #1
농장 #1

Agriculture	농업
Bee	벌
Bison	들소
Calf	송아지
Cat	고양이
Chicken	닭
Cow	소
Crow	까마귀
Dog	개
Donkey	당나귀
Fence	울타리
Fertilizer	비료
Field	들
Goat	염소
Hay	건초
Honey	꿀
Horse	말
Rice	쌀
Seeds	씨앗
Water	물

Farm #2
농장 #2

Animals	동물
Barley	보리
Barn	헛간
Corn	옥수수
Duck	오리
Farmer	농부
Food	음식
Fruit	과일
Irrigation	관개
Lamb	양고기
Llama	라마
Meadow	목초지
Milk	우유
Orchard	과수원
Sheep	양
Shepherd	목자
Tractor	트랙터
Vegetable	야채
Wheat	밀
Windmill	풍차

Fashion
패션

Boutique	부티크
Buttons	버튼
Clothing	의류
Elegant	우아한
Embroidery	자수
Expensive	비싼
Lace	레이스
Measurements	측정
Minimalist	미니멀리스트
Modern	현대
Modest	겸손한
Original	원본
Pattern	무늬
Practical	실용적인
Simple	간단한
Sophisticated	정교한
Style	스타일
Texture	조직
Trend	경향

Fishing
낚시

Bait	미끼
Basket	바구니
Beach	해변
Boat	배
Equipment	장비
Exaggeration	과장
Fins	지느러미
Gills	아가미
Hook	혹
Jaw	턱
Lake	호수
Ocean	대양
Patience	인내
River	강
Scales	저울
Season	계절
Water	물
Weight	무게
Wire	철사

Flowers
꽃

Bouquet	꽃다발
Calendula	금송화
Clover	클로버
Daffodil	수선화
Daisy	데이지
Dandelion	민들레
Gardenia	치자
Hibiscus	히비스커스
Jasmine	재스민
Lavender	라벤더
Lilac	라일락
Lily	백합
Magnolia	목련
Orchid	난초
Peony	모란
Petal	꽃잎
Plumeria	플루메리아
Poppy	양귀비
Sunflower	해바라기
Tulip	튤립

Food #1
식품 #1

Apricot	살구
Barley	보리
Basil	바질
Carrot	당근
Cinnamon	계피
Garlic	마늘
Juice	주스
Lemon	레몬
Milk	우유
Onion	양파
Peanut	땅콩
Pear	배
Salad	샐러드
Salt	소금
Soup	수프
Spinach	시금치
Strawberry	딸기
Sugar	설탕
Tuna	참치
Turnip	순무

Food #2
식품 #2

Apple	사과
Artichoke	아티초크
Banana	바나나
Broccoli	브로콜리
Celery	셀러리
Cheese	치즈
Cherry	체리
Chicken	닭
Chocolate	초콜릿
Egg	계란
Eggplant	가지
Fish	물고기
Grape	포도
Ham	햄
Kiwi	키위
Mushroom	버섯
Rice	쌀
Tomato	토마토
Wheat	밀
Yogurt	요거트

Fruit
과일

Apple	사과
Apricot	살구
Avocado	아보카도
Banana	바나나
Berry	베리
Cherry	체리
Coconut	코코넛
Fig	무화과
Grape	포도
Guava	구아바
Kiwi	키위
Lemon	레몬
Mango	망고
Melon	멜론
Nectarine	천도 복숭아
Papaya	파파야
Peach	복숭아
Pear	배
Pineapple	파인애플
Raspberry	라즈베리

Garden
가든

Bench	벤치
Bush	부시
Fence	울타리
Flower	꽃
Garage	차고
Garden	정원
Grass	잔디
Hammock	해먹
Hose	호스
Orchard	과수원
Pond	연못
Porch	현관
Rake	갈퀴
Rocks	바위
Shovel	삽
Soil	토양
Terrace	테라스
Trampoline	트램폴린
Tree	나무
Weeds	잡초

Gardening
원예

Blossom	꽃
Botanical	식물
Bouquet	꽃다발
Climate	기후
Compost	퇴비
Container	컨테이너
Dirt	흙
Edible	식용
Exotic	이국적인
Floral	플로랄
Foliage	잎
Hose	호스
Moisture	수분
Orchard	과수원
Seasonal	계절
Seeds	씨앗
Soil	토양
Species	종
Water	물

Geography
지리학

Altitude	고도
Atlas	아틀라스
City	도시
Continent	대륙
Country	국가
Hemisphere	반구
Island	섬
Latitude	위도
Map	지도
Meridian	자오선
Mountain	산
North	북쪽
Ocean	대양
Region	지역
River	강
Sea	바다
South	남쪽
Territory	영토
West	서쪽
World	세계

Geology
지질학

Acid	산
Calcium	칼슘
Cavern	동굴
Continent	대륙
Coral	산호
Crystals	크리스탈
Cycles	주기
Earthquake	지진
Erosion	부식
Fossil	화석
Geyser	간헐천
Lava	용암
Layer	층
Minerals	탄산수
Plateau	고원
Quartz	석영
Salt	소금
Stalactite	종유석
Stone	돌
Volcano	화산

Geometry
지오메트리

Angle	각도
Calculation	계산
Circle	원
Curve	곡선
Diameter	지름
Dimension	치수
Equation	방정식
Height	키
Horizontal	수평
Logic	논리
Mass	질량
Median	중앙값
Number	수
Parallel	평행
Proportion	비율
Segment	분절
Surface	표면
Symmetry	대칭
Theory	이론
Triangle	삼각형

Global Warming
지구 온난화

Arctic	북극
Attention	주의
Climate	기후
Crisis	위기
Data	데이터
Development	개발
Energy	에너지
Environmental	환경
Future	미래
Gas	가스
Generations	세대
Government	정부
Habitats	서식지
Industry	산업
International	국제
Legislation	입법
Now	지금
Populations	인구
Scientist	과학자
Temperatures	온도

Government
정부

Citizenship	시민권
Civil	시민
Constitution	헌법
Democracy	민주주의
Discussion	토론
District	지구
Equality	평등
Independence	독립
Judicial	사법
Justice	정의
Law	법
Leader	지도자
Liberty	자유
Monument	기념물
Nation	국가
Peaceful	평화로운
Politics	정치
Speech	연설
State	상태
Symbol	상징

Hair Types
헤어 타입

Bald	대머리
Black	블랙
Blond	금발
Braided	꼰
Braids	머리띠
Brown	갈색
Curly	곱슬
Dry	마른
Gray	회색
Healthy	건강한
Long	긴
Shiny	빛나는
Short	짧은
Silver	은
Smooth	매끄러운
Soft	부드러운
Thick	두꺼운
Thin	얇은
White	하얀

Health and Wellness #1
건강 및 웰빙 #1

Active	활동적인
Bacteria	박테리아
Bones	뼈
Clinic	진료소
Doctor	의사
Fracture	골절
Habit	습관
Height	키
Hormones	호르몬
Hunger	굶주림
Medicine	약
Muscles	근육
Nerves	신경
Pharmacy	약국
Reflex	반사
Relaxation	휴식
Skin	피부
Therapy	요법
Treatment	치료
Virus	바이러스

Health and Wellness #2
건강 및 웰빙 #2

Allergy	알레르기
Anatomy	해부
Appetite	식욕
Blood	피
Calorie	칼로리
Dehydration	탈수
Diet	다이어트
Disease	질병
Energy	에너지
Genetics	유전학
Healthy	건강한
Hospital	병원
Hygiene	위생
Infection	감염
Massage	마사지
Nutrition	영양
Recovery	회복
Stress	스트레스
Vitamin	비타민
Weight	무게

Herbalism
약초학

Aromatic	방향족
Basil	바질
Beneficial	유익한
Culinary	요리
Fennel	회향
Flavor	맛
Flower	꽃
Garden	정원
Garlic	마늘
Green	녹색
Ingredient	성분
Lavender	라벤더
Marjoram	마조람
Mint	민트
Oregano	오레가노
Parsley	파슬리
Plant	식물
Rosemary	로즈마리
Saffron	사프란
Tarragon	타라곤

Hiking
하이킹

Animals	동물
Boots	부츠
Camping	캠핑
Cliff	낭떠러지
Climate	기후
Guides	가이드
Hazards	위험
Heavy	무거운
Map	지도
Mountain	산
Nature	자연
Orientation	정위
Parks	공원
Preparation	준비
Stones	돌
Summit	서밋
Sun	태양
Tired	피곤한
Water	물
Wild	야생

House
하우스

Attic	애틱
Broom	비
Curtains	커튼
Door	문
Fence	울타리
Fireplace	난로
Floor	바닥
Furniture	가구
Garage	차고
Garden	정원
Keys	키
Kitchen	부엌
Lamp	램프
Library	도서관
Mirror	거울
Roof	지붕
Room	방
Shower	샤워
Wall	벽
Window	창

Human Body
인체

Ankle	발목
Blood	피
Bones	뼈
Brain	뇌
Chin	턱
Ear	귀
Elbow	팔꿈치
Face	얼굴
Finger	손가락
Hand	손
Head	머리
Heart	심장
Knee	무릎
Leg	다리
Lips	입술
Mouth	입
Neck	목
Nose	코
Shoulder	어깨
Skin	피부

Jazz
재즈

Album	앨범
Applause	박수
Artist	예술가
Composer	작곡가
Composition	구성
Concert	콘서트
Drums	드럼
Emphasis	강조
Famous	유명한
Favorites	즐겨찾기
Improvisation	즉흥 연주
Music	음악
New	새로운
Old	오래된
Orchestra	오케스트라
Rhythm	리듬
Song	노래
Style	스타일
Talent	재능
Technique	기술

Kitchen
키친

Apron	앞치마
Bowl	그릇
Chopsticks	젓가락
Cups	컵
Food	음식
Forks	포크
Freezer	냉동고
Grill	그릴
Jar	항아리
Kettle	주전자
Knives	칼
Ladle	국자
Napkin	냅킨
Oven	오븐
Recipe	레시피
Refrigerator	냉장고
Spices	향신료
Sponge	스펀지
Spoons	숟가락

Landscapes
풍경

Beach	해변
Cave	동굴
Desert	사막
Geyser	간헐천
Glacier	빙하
Hill	언덕
Iceberg	빙산
Island	섬
Lake	호수
Mountain	산
Oasis	오아시스
Ocean	대양
Peninsula	반도
River	강
Sea	바다
Swamp	늪
Tundra	동토대
Valley	골짜기
Volcano	화산
Waterfall	폭포

Literature
문학

Analogy	유추
Analysis	분석
Anecdote	일화
Author	저자
Biography	전기
Comparison	비교
Conclusion	결론
Description	설명
Dialogue	대화
Metaphor	은유
Narrator	내레이터
Novel	소설
Opinion	의견
Poem	시
Poetic	시적
Rhyme	운
Rhythm	리듬
Style	스타일
Theme	주제
Tragedy	비극

Mammals
포유류

Bear	곰
Beaver	비버
Bull	황소
Cat	고양이
Coyote	코요테
Dog	개
Dolphin	돌고래
Elephant	코끼리
Fox	여우
Giraffe	기린
Gorilla	고릴라
Horse	말
Kangaroo	캥거루
Lion	사자
Monkey	원숭이
Rabbit	토끼
Sheep	양
Whale	고래
Wolf	늑대
Zebra	얼룩말

Math
수학

Angles	각도
Arithmetic	산수
Circumference	둘레
Decimal	십진수
Diameter	지름
Equation	방정식
Exponent	멱지수
Fraction	분수
Geometry	기하학
Numbers	숫자
Parallel	평행
Parallelogram	평행사변형
Perpendicular	수직
Polygon	다각형
Radius	반지름
Rectangle	직사각형
Square	정사각형
Symmetry	대칭
Triangle	삼각형
Volume	음량

Measurements
측정값

Byte	바이트
Centimeter	센티미터
Decimal	십진수
Degree	정도
Depth	깊이
Gram	그램
Height	키
Inch	인치
Kilogram	킬로그램
Kilometer	킬로미터
Length	길이
Liter	리터
Mass	질량
Meter	미터
Minute	분
Ounce	온스
Ton	톤
Volume	음량
Weight	무게
Width	너비

Meditation
명상

Acceptance	수락
Attention	주의
Awake	깨어
Breathing	호흡
Clarity	선명도
Compassion	연민
Emotions	감정
Gratitude	감사
Habits	습관
Happiness	행복
Kindness	친절
Mental	정신
Mind	마음
Movement	운동
Music	음악
Nature	자연
Peace	평화
Perspective	관점
Silence	침묵
Thoughts	생각

Music
음악

Album	앨범
Ballad	민요
Chorus	합창
Classical	고전
Eclectic	절충주의
Harmonic	고조파
Harmony	조화
Instrument	악기
Lyrical	서정적
Melody	멜로디
Microphone	마이크
Musical	뮤지컬
Musician	음악가
Opera	오페라
Poetic	시적
Recording	녹음
Rhythmic	리듬
Sing	노래
Singer	가수
Vocal	보컬

Musical Instruments
악기

Banjo	밴조
Bassoon	바순
Cello	첼로
Chimes	차임
Clarinet	클라리넷
Drum	북
Flute	플루트
Gong	징
Guitar	기타
Harp	하프
Mandolin	만돌린
Marimba	마림바
Oboe	오보에
Percussion	타악기
Piano	피아노
Saxophone	색소폰
Tambourine	탬버린
Trombone	트롬본
Trumpet	트럼펫
Violin	바이올린

Mythology
신화

Archetype	원형
Behavior	행동
Beliefs	신념
Creation	창조
Creature	생물
Culture	문화
Deities	신
Disaster	재해
Heaven	천국
Hero	영웅
Immortality	불사
Jealousy	질투
Labyrinth	미궁
Legend	전설
Lightning	번개
Monster	괴물
Revenge	복수
Strength	힘
Thunder	천둥
Warrior	전사

Nature
네이처

Animals	동물
Arctic	북극
Beauty	아름다움
Bees	꿀벌
Cliffs	절벽
Clouds	구름
Desert	사막
Dynamic	동적
Erosion	부식
Fog	안개
Foliage	잎
Forest	숲
Glacier	빙하
Mountains	산
Peaceful	평화로운
River	강
Sanctuary	성역
Serene	고요한
Tropical	열대
Wild	야생

Numbers
숫자

Decimal	십진수
Eight	여덟
Eighteen	십팔
Fifteen	열 다섯
Five	다섯
Four	포
Fourteen	십사
Nine	아홉
Nineteen	열아홉
One	하나
Seven	일곱
Seventeen	열일곱
Six	여섯
Sixteen	식스틴
Ten	십
Thirteen	열셋
Three	삼
Twelve	열두
Twenty	스물
Two	두

Nutrition
영양

Appetite	식욕
Balanced	균형 잡힌
Bitter	쓴
Calories	칼로리
Carbohydrates	탄수화물
Diet	다이어트
Digestion	소화
Edible	식용
Fermentation	발효
Flavor	맛
Habits	습관
Health	건강
Healthy	건강한
Nutrient	영양소
Proteins	단백질
Quality	품질
Sauce	소스
Toxin	독소
Vitamin	비타민
Weight	무게

Ocean
바다

Algae	조류
Coral	산호
Crab	게
Dolphin	돌고래
Eel	장어
Fish	물고기
Jellyfish	해파리
Octopus	문어
Oyster	굴
Reef	암초
Salt	소금
Seaweed	해초
Shark	상어
Shrimp	새우
Sponge	스펀지
Storm	폭풍
Tides	조수
Tuna	참치
Turtle	거북이
Whale	고래

Philanthropy
자선 활동

Challenges	도전
Charity	자선
Children	어린이
Community	커뮤니티
Contacts	연락처
Donate	기부
Finance	금융
Funds	자금
Generosity	관대
Goals	목표
Groups	그룹
History	역사
Honesty	정직
Humanity	인류
Mission	사명
Need	필요
People	사람들
Programs	프로그램
Public	공공의
Youth	청소년

Physics
물리학

Acceleration	가속
Atom	원자
Chaos	혼돈
Chemical	화학
Density	밀도
Electron	전자
Engine	엔진
Expansion	확장
Experiment	실험
Formula	수식
Frequency	빈도
Gas	가스
Magnetism	자기
Mass	질량
Mechanics	역학
Molecule	분자
Nuclear	핵
Particle	입자
Relativity	상대성
Speed	속도

Plants
식물

Bamboo	대나무
Bean	콩
Berry	베리
Botany	식물학
Bush	부시
Cactus	선인장
Fertilizer	비료
Flora	플로라
Flower	꽃
Foliage	잎
Forest	숲
Garden	정원
Grass	잔디
Ivy	아이비
Moss	이끼
Petal	꽃잎
Root	뿌리
Stem	줄기
Tree	나무
Vegetation	초목

Professions #1
직업 #1

Ambassador	대사
Astronomer	천문학자
Attorney	변호사
Banker	은행가
Cartographer	지도 제작자
Coach	코치
Dancer	댄서
Doctor	의사
Editor	편집자
Geologist	지질학자
Hunter	사냥꾼
Jeweler	보석상
Musician	음악가
Nurse	간호사
Pianist	피아니스트
Plumber	배관공
Psychologist	심리학자
Sailor	선원
Tailor	재단사
Veterinarian	수의사

Professions #2
직업 #2

Astronaut	우주 비행사
Biologist	생물학자
Dentist	치과 의사
Detective	형사
Engineer	엔지니어
Farmer	농부
Gardener	정원사
Illustrator	일러스트레이터
Inventor	발명자
Journalist	기자
Librarian	사서
Linguist	언어학자
Painter	화가
Philosopher	철학자
Photographer	사진 작가
Physician	의사
Pilot	조종사
Surgeon	외과 의사
Teacher	선생님
Zoologist	동물학자

Psychology
심리학

Appointment	약속
Assessment	평가
Behavior	행동
Childhood	어린 시절
Clinical	임상
Cognition	인식
Conflict	갈등
Dreams	꿈
Ego	자아
Emotions	감정
Experiences	경험
Ideas	아이디어
Perception	지각
Personality	인격
Problem	문제
Reality	현실
Sensation	감각
Therapy	요법
Thoughts	생각
Unconscious	무의식

Rainforest
열대 우림

Amphibians	양서류
Birds	조류
Botanical	식물
Climate	기후
Clouds	구름
Community	커뮤니티
Diversity	다양성
Insects	곤충
Jungle	밀림
Mammals	포유류
Moss	이끼
Nature	자연
Preservation	보존
Refuge	피난
Respect	존중
Restoration	복구
Species	종
Survival	생존
Valuable	귀중한

Restaurant #2
레스토랑 #2

Appetizer	전채
Beverage	음료
Cake	케이크
Chair	의자
Delicious	맛있는
Dinner	저녁 식사
Fish	물고기
Fork	포크
Fruit	과일
Ice	얼음
Lunch	점심
Noodles	국수
Salad	샐러드
Salt	소금
Soup	수프
Spices	향신료
Spoon	숟가락
Vegetables	채소
Waiter	웨이터
Water	물

Science
과학

Atom	원자
Chemical	화학
Climate	기후
Data	데이터
Evolution	진화
Experiment	실험
Fact	사실
Fossil	화석
Gravity	중력
Hypothesis	가설
Laboratory	실험실
Method	방법
Minerals	탄산수
Molecules	분자
Nature	자연
Organism	유기체
Particles	입자
Physics	물리학
Plants	식물
Scientist	과학자

Science Fiction
사이언스 픽션

Atomic	원자
Books	책
Chemicals	화학 물질
Cinema	영화
Clones	클론
Dystopia	디스토피아
Explosion	폭발
Fantastic	환상적인
Fire	불
Futuristic	미래
Galaxy	은하
Illusion	환상
Imaginary	상상의
Mysterious	신비한
Oracle	오라클
Planet	행성
Robots	로봇
Technology	기술
Utopia	유토피아
World	세계

Scientific Disciplines
과학 분야

Anatomy	해부
Archaeology	고고학
Astronomy	천문학
Biochemistry	생화학
Biology	생물학
Botany	식물학
Chemistry	화학
Ecology	생태학
Geology	지질학
Immunology	면역학
Kinesiology	운동학
Linguistics	언어학
Mechanics	역학
Mineralogy	광물학
Neurology	신경학
Physiology	생리학
Psychology	심리학
Sociology	사회학
Thermodynamics	열역학
Zoology	동물학

Shapes
셰이프

Arc	호
Circle	원
Cone	원뿔
Corner	모서리
Cube	입방체
Curve	곡선
Cylinder	실린더
Edges	가장자리
Ellipse	타원
Hyperbola	쌍곡선
Line	선
Oval	타원형
Polygon	다각형
Prism	프리즘
Pyramid	피라미드
Rectangle	직사각형
Side	측면
Sphere	구체
Square	정사각형
Triangle	삼각형

Spices
향신료

Anise	아니스
Bitter	쓴
Cardamom	카르다몸
Cinnamon	계피
Clove	정향
Coriander	고수풀
Cumin	커민
Curry	카레
Fennel	회향
Fenugreek	호로파
Flavor	맛
Garlic	마늘
Ginger	생강
Nutmeg	육두구
Onion	양파
Paprika	파프리카
Saffron	사프란
Salt	소금
Sweet	달콤한
Vanilla	바닐라

Sport
스포츠

Ability	능력
Athlete	선수
Body	몸
Bones	뼈
Coach	코치
Cycling	사이클링
Dancing	춤
Diet	다이어트
Endurance	지구력
Goal	골
Health	건강
Jogging	조깅
Maximize	최대화
Muscles	근육
Nutrition	영양
Program	프로그램
Sports	스포츠
Strength	힘
Stretching	스트레칭

The Media
더 미디어

Attitudes	태도
Commercial	광고
Communication	통신
Digital	디지털
Edition	판
Education	교육
Facts	사실
Funding	자금 조달
Images	이미지
Individual	개인
Industry	산업
Intellectual	지적인
Local	로컬
Magazines	잡지
Network	회로망
Newspapers	신문
Online	온라인
Opinion	의견
Public	공공의
Radio	라디오

Time
시간

Annual	연간
Before	전에
Calendar	달력
Century	세기
Clock	시계
Day	일
Decade	십년
Early	일찍
Future	미래
Hour	시간
Minute	분
Month	월
Morning	아침
Night	밤
Noon	정오
Now	지금
Soon	곧
Today	오늘
Week	주
Year	년

Town
타운

Airport	공항
Bakery	빵집
Bank	은행
Bookstore	서점
Cinema	영화
Clinic	진료소
Florist	플로리스트
Gallery	갤러리
Hotel	호텔
Library	도서관
Market	시장
Museum	박물관
Pharmacy	약국
School	학교
Stadium	경기장
Store	가게
Supermarket	슈퍼마켓
Theater	극장
University	대학
Zoo	동물원

Universe
유니버스

Asteroid	소행성
Astronomer	천문학자
Astronomy	천문학
Atmosphere	분위기
Celestial	천상의
Cosmic	우주
Darkness	어둠
Equator	적도
Galaxy	은하
Hemisphere	반구
Horizon	수평선
Latitude	위도
Moon	달
Orbit	궤도
Sky	하늘
Solar	태양
Solstice	지점
Telescope	망원경
Visible	보이는
Zodiac	조디악

Vacation #2
휴가 #2

Airport	공항
Beach	해변
Camping	캠핑
Destination	목적지
Foreign	외국의
Foreigner	외국인
Holiday	휴일
Hotel	호텔
Island	섬
Journey	여행
Leisure	여가
Map	지도
Mountains	산
Passport	여권
Sea	바다
Taxi	택시
Tent	텐트
Train	기차
Transportation	교통
Visa	비자

Vegetables
야채

Artichoke	아티초크
Broccoli	브로콜리
Carrot	당근
Cauliflower	콜리플라워
Celery	셀러리
Cucumber	오이
Eggplant	가지
Garlic	마늘
Ginger	생강
Mushroom	버섯
Onion	양파
Parsley	파슬리
Pea	완두콩
Pumpkin	호박
Radish	무
Salad	샐러드
Shallot	샬롯
Spinach	시금치
Tomato	토마토
Turnip	순무

Vehicles
차량

Airplane	비행기
Ambulance	구급차
Bicycle	자전거
Boat	배
Bus	버스
Car	차
Caravan	캐러밴
Engine	엔진
Ferry	나룻배
Helicopter	헬리콥터
Motor	모터
Raft	뗏목
Rocket	로켓
Scooter	스쿠터
Submarine	잠수함
Subway	지하철
Taxi	택시
Tires	타이어
Tractor	트랙터
Truck	트럭

Visual Arts
비주얼 아트

Architecture	건축학
Artist	예술가
Chalk	분필
Charcoal	숯
Clay	점토
Composition	구성
Creativity	창의성
Easel	화가
Film	필름
Masterpiece	걸작
Pen	펜
Pencil	연필
Perspective	관점
Photograph	사진
Portrait	초상화
Pottery	도기
Sculpture	조각
Stencil	스텐실
Varnish	바니시
Wax	밀랍

Weather
날씨

Atmosphere	분위기
Breeze	미풍
Climate	기후
Cloud	구름
Drought	가뭄
Dry	마른
Fog	안개
Hurricane	허리케인
Ice	얼음
Lightning	번개
Monsoon	우기
Polar	극선
Rainbow	무지개
Sky	하늘
Storm	폭풍
Temperature	온도
Thunder	천둥
Tornado	토네이도
Tropical	열대
Wind	바람

Congratulations

You made it!

We hope you enjoyed this book as much as we enjoyed making it. We do our best to make high quality games.
These puzzles are designed in a clever way for you to learn actively while having fun!

Did you love them?

A Simple Request

Our books exist thanks your reviews. Could you help us by leaving one now?

Here is a short link which will take you to your order review page:

BestBooksActivity.com/Review50

MONSTER CHALLENGE!

Challenge #1

Ready for Your Bonus Game? We use them all the time but they are not so easy to find. Here are **Synonyms**!

Note 5 words you discovered in each of the Puzzles noted below (#21, #36, #76) and try to find 2 synonyms for each word.

Note 5 Words from *Puzzle 21*

Words	Synonym 1	Synonym 2

Note 5 Words from *Puzzle 36*

Words	Synonym 1	Synonym 2

Note 5 Words from *Puzzle 76*

Words	Synonym 1	Synonym 2

Challenge #2

Now that you are warmed-up, note 5 words you discovered in each Puzzle noted below (#9, #17, #25) and try to find 2 antonyms for each word. How many lines can you do in 20 minutes?

Note 5 Words from *Puzzle 9*

Words	Antonym 1	Antonym 2

Note 5 Words from *Puzzle 17*

Words	Antonym 1	Antonym 2

Note 5 Words from *Puzzle 25*

Words	Antonym 1	Antonym 2

Challenge #3

Wonderful, this monster challenge is nothing to you!

Ready for the last one? Choose your 10 favorite words discovered in any of the Puzzles and note them below.

1.	6.
2.	7.
3.	8.
4.	9.
5.	10.

Now, using these words and within a maximum of six sentences, your challenge is to compose a text about a person, animal or place that you love!

Tip: You can use the last blank page of this book as a draft!

Your Writing:

Explore a Unique Store
Set Up **FOR YOU!**

BestActivityBooks.com/TheStore

Designed for Entertainment!

Light Up Your Brain With Unique **Gift Ideas**.

Access **Surprising** And **Essential Supplies!**

CHECK OUT OUR MONTHLY SELECTION NOW!

- Expertly Crafted Products -

NOTEBOOK:

SEE YOU SOON!

Linguas Classics Team

BESTACTIVITYBOOKS.COM/FREEGAMES